독서8년

나를 바꾼 시간

독서8년

황희철 지음

차이
정원

∻ 독서를 통해 나를 세우다 ∻

독서 8년. 사람들은 책 읽는 게 뭐 그리 대단한 일이냐고 말한다. 또 책을 보지 않는다고 해서 큰일이 일어나는 건 아니라고 한다. 맞다. 당장 불행해지지는 않는다. 그런데 나에게 독서는 '별난 일'이다. 지난 8년 동안의 독서가 내 인생을 바꿔놓았으니 말이다.

　나는 가진 게 별로 없는 사람이었다. 돈 많은 부모를 두지도 못했고, 남들이 알 만한 좋은 대학을 나오지도 못했다. 주위에서 흔히 볼 수 있는 그저 그런 사람이었다.

　스펙이랄 것도 없이 사회생활을 막연히 시작했다. 장밋빛 인생을 꿈꾸는 건 딴 세상 사람들의 이야기였다. 계약직으로 처음 취업한 회사에서의 생존 기간은 기껏해야 1~2년이었다. 그동안 성과를 내지

못하면 다시 원점으로 돌아가 출발선 앞에 서야만 했다. 짧은 근무 경력으로는 어디에도 명함을 내밀지 못하기에 어떻게든 버티려 애썼다. 실력을 인정받기 위해 주어진 업무보다 더 많이, 더 열심히 악착같이 했다.

제법 똑똑하다는 이야기를 듣기 시작했지만, 타고난 배경을 바꿀 수는 없었다. 아버지의 오랜 투병 생활과 지독한 가난은 늘 내 어깨를 짓눌렀다. 나도 보탬이 되고 싶었고 돈을 많이 벌고 싶었다. 끝이 보이지 않는 불안한 계약직의 굴레에서 벗어나고 싶어 겁 없이 장사를 하기도 했다. 지방과 서울을 오가며 여하튼 돈을 더 벌 궁리만 하고 다녔다.

어느덧 결혼도 하고, 아이도 생기자 마음은 더더욱 조급해졌다. 벌이가 시원찮아 입에 풀칠만 하는 상황이 여러 날 되면서 초라한 자신을 탓하기까지 했다. 이곳저곳 전전하며 겨우 살아가던 어느 날, 홀로 공중화장실에 쪼그려 앉아 있는데 서러움이 물밀듯이 몰려왔다. 그때 눈앞에 붙어 있던 장기 매매 스티커는 절박한 내 마음을 흔들어 놓았다. 그동안 그런 문구가 있는 줄도 몰랐다. 거기 적힌 번호로 전화를 걸 거라고는 평생 생각해본 적도 없었다. 단 한 푼이 아쉬웠다. 그만큼 내 자존심은 바닥을 기고 있었다.

휴대전화로 번호를 꾹꾹 눌렀다. 통화를 하다 아차 싶었다. 가까스로 정신을 차리고 얼른 전화를 끊어버렸다. 장기를 팔 용기가 있으면, 그 용기로 살아야겠다 싶었다. 그러나 그 후로도 바뀐 것은 없었다. 여전히 밑바닥을 헤매고 있었다.

그러다 내 사정을 알던 한 선배의 권유로 보험 영업이란 걸 시작하게 되었다. 열심히만 해서 실적이 생기면 돈을 조금이라도 더 벌 수 있었다. 가까스로 생존의 터전을 잡았다고 생각했다. 어릴 적부터 거들떠보지도 않던 그저 종이 쪼가리에 불과한 책이 눈에 들어온 것도 그즈음이었다. 그리고 이지성 작가님과의 만남으로 내 인생은 반전의 계기를 마련할 수 있었다.

작가님과의 만남은 책과의 본격적인 만남이기도 했다. 작가님은 만날 때마다 책 읽기와 삶의 태도를 이야기해주곤 했다. 그 관계는 단순한 친분이라기보다 멘토와 멘티의 관계가 되어 현재까지 이어지고 있다. 그 세월이 8년이고, 이것이 곧 나의 독서 인생이다.

지금은 독서로 하루를, 1년을, 일생을 설계하고 꿈을 키우는 중이다. 책을 제대로 읽는 법조차 몰랐던 내가 독서를 통해 하루 관리와 나의 업業을 꾸려가고 있다. 책도 두 권 썼다. 이지성 작가님과 함께 《하루 관리》를 썼고, 나의 전문 분야인 《페이고 가계부》라는 책을 냈다. 그리고 〈차이에듀케이션〉이라는 교육 사업도 작가님과 같이 운영하고 있다. 예전에는 꿈도 못 꿨던 삶이다. 이러한 삶의 변화는 꾸준한 독서 생활이 아니었다면 기대하지 못했을 테다.

책과 함께 8년이라는 시간을 지내면서 나는 비로소 불안한 마음에서, 바닥을 치던 환경에서 빠져나올 수 있었다. 지금 생각해보면 그 전까지 시달렸던 위태로움의 정체는 경제적인 문제뿐만이 아니었다. 삶의 주도권을 쥐지 못한 채 주변 상황에 휩쓸리고 비교하기 바빴던 못난 자신 때문이었다. 이것을 깨닫게 해준 것이 독서였다. 본격적으로 인문 독서를 시작하면서 '나'에 대해 제대로 알아갈 수 있었다. 책은 철부지 청년이 자립과 나눔의 삶을 꿈꿀 수 있도록 인도해주었다.

나를 바꾼, 나를 살린 8년간의 독서 이야기는 초보자의 어리숙한 모습부터 일상적인 독서를 시작하고 시간을 주도하며 관리하는 모습까지 모두 담고 있다. 수많은 독서법 책들처럼 전문적인 기술을 알려주려는 마음은 전혀 없다. 다만 책을 가까이 두고, 지금껏 살아온 자신의 삶에서 조금씩 긍정적인 방향으로 변화될 수 있기를 바랄 뿐이다. 왜 독서를 해야 하는지, 독서란 대체 무엇인지, 독서의 삶이 어떻게 나눔으로 이어지는지를 독자들이 공감해준다면 나로서는 기쁘고 감사할 따름이다.

황희철

PART 1

태도

—

절박함이 나를
책으로 이끌었다

스펙도 변변찮고 괜찮은 배경도 없지만 책 읽는 건 나도 할 수 있었다. 나는 모르는 성공의 비결을 책에서 배울 수만 있다면 못할 게 없었다. 어쩌면 독서만이 지금의 처지를 벗어나게 해줄 유일한 동아줄이었다. 그 줄을 나는 꼭 움켜쥐기로 했다. 책을 읽어야 할 이유가 분명해지니 독서는 더 이상 고상한 취미가 아니라 일상의 습관이 되었다.

책을 읽되 계획적으로 읽어야 한다.
자기의 능력과 여건을 헤아려서 하루의 분량, 한 해의 분량을
정해놓고 규칙적으로 꾸준히 읽어야 한다.
그래야 읽다 말다 하는 병폐가 없어진다.

《일득록》, 정조

대체 왜 읽어야 하는가

책을 읽는다는 건 어떤 의미일까? 카프카는 《변신》에서 "책이란 무릇, 우리 안에 있는 꽁꽁 얼어버린 바다를 깨뜨리는 도끼가 아니면 안 되는 것"이라고 말했다. 내 안의 얼음을 깨뜨리는 것, 즉 한계를 극복하고 더 나은 삶을 살기 위해 책을 읽는 것이다.

절박하게 읽는다는 건 정체된 삶, 혹은 길이 보이지 않는 답답한 삶을 벗어나기 위한 치열한 생존의 과정인 셈이다. 특히나 보잘것없고 가진 게 없는 사람에게는 책이 가장 좋은 양식이 되어준다. 그러나 나는 이런 의미를 깨닫기까지 한참이나 걸렸다.

누구나 그렇듯 직장 생활을 갓 시작할 무렵 나는 성공을 꿈꿨다. 신용카드 조회기를 만드는 회사에서 파견직으로 시작한 나는 누구보다 더 많이, 더 열심히 일하려고 애썼다. 나는 인정받고 싶어서, 나를 제대로 알아주는 사람이 한 명이라도 생기길 바라며 내가 가진 역량을 다 쏟아부었다. 드라마 〈미생〉의 주인공처럼 나 또한 연줄 하나 없는 미생이었기에 최선을 다해야 했다.

'한가하게 책이나 붙들 시간이 어디 있어.'

파리 목숨이나 한가지였던 내게는 책을 읽는다는 것이 왠지 특별한 행위처럼 느껴졌다. "취미가 독서"라는 흔한 말도 선뜻 이해되지 않을 만큼 나는 책과 거리가 멀었다. 자기계발이다, 문화생활이다 하며 책 읽기 열풍이 불어도 나는 책에 관심이 없었다.

파견직은 회사를 다닌 지 2년이 지나면 자동퇴사가 결정된다. 그러나 그중에는 다행히 연장이 되는 경우도 있고, 운이 좋아 정직원이 되는 사람도 간혹 있었다. 나로서는 그것만 바라보며 죽기 살기로 일에 매달릴 수밖에 없었다.

나는 불안한 미래를 아주 조금이나마 희망적인 내일로 바꾸고 싶었다. 그러나 불행은 한꺼번에 찾아온다고 했던가. 그즈음 아버지가 암 선고를 받았고 가세는 조금씩 기울기 시작했다. 두 어깨를 짓누르는 삶의 무게는 더욱 커져만 갔다. 어떻게든 돈을 벌어야 하는 상황이 되어버렸다.

그러다 기회가 왔다. 당시 회사는 전국적으로 대리점이 200여 군데 있었는데, 이 대리점 사장들은 본사에 근무하는 직원들을 채용하고 싶어 했다. 아무래도 본사에서 일을 배웠으니 야무지게 잘할 것이라 판단한 듯하다. 특히 나와 같이 유동적인 파견직 사원들이 첫 번째 스카우트 대상이었다.

"저기, 희철 씨. 지금 월급이 이것저것 세금 떼고 나면 70만 원도 안 되죠? 우리 대리점으로 오면 내가 80만 원으로 올려줄 테니 같이 일합시다."

"80만 원요?"

"물론입니다. 언제부터 일할 수 있습니까? 우리는 당장이라도 좋은데."

가뜩이나 아버지의 병원비로 목돈이 필요하던 때라 10만 원이 정말 크게 느껴졌다. 어쩌면 기회라 생각했다. 하지만 당시 내가 속해 있던 본사 팀장님이 극구 만류하셨다.

"희철아, 조금만 더 기다려봐. 여기서 자리 잡을 수 있도록 내가 도와줄 테니."

"죄송합니다. 이미 옮기기로 이야기가 다 됐습니다. 남들은 몰라도 저한테는 큰돈이기도 하고요."

그때는 벌써 마음이 떠난 터라 그 누구의 이야기도 귀에 들어오지 않았다. 무엇보다 잘 판단한 거라 스스로 다독였다. 사실 그렇게라도 다잡지 않으면 떠날 수 없을 것만 같았다.

그러나 새로 옮긴 직장에서 나는 쉬이 적응할 수 없었다. 본사에서는 파견직도 기본적으로 존중해주는 분위기였지만 대리점은 완전 달랐다. 신입이라는 이유로 업무와는 상관없는 온갖 잡심부름과 허드렛일을 도맡아 했다. 그저 월급날만 기다리는 나날의 연속이었다. 그렇게 커 보이던 월급 10만 원의 차이도 아무런 위안이 되지 않았고, 결국 몇 달도 못 버틴 채 그만두고 말았다.

막막했다. 그사이 지인을 통해 잠시 옷 장사를 해봤지만 잘되지 않았다. 오히려 지인과 관계가 나빠질 만큼 신뢰가 깨지는 결과만 남겼다. 역시 무턱대고 사업에 뛰어드는 게 아니었다. 내가 잘할 수 있는 거라곤 신용카드 조회기 관련 일뿐이라 다른 선택의 여지가 없었다. 다시 그 일을 알아보는 중 한 대리점에서 월급을 120만 원이나 주겠다고 했다. 마다할 이유가 없었다.

조건이 좀 낫다고 해도 다를 건 없었다. 여전히 막내라는 이유로 매일 아침 커피 심부름은 물론, 비인간적인 처사와 적잖이 상처받는 말도 들어야 했다. 그러다가 얼마 후 결국 일이 터지고야 말았다.

주말에 워크숍을 빙자한 축구 시합이 있었는데, 병원에서 아버지가 갑자기 위독해지셨다고 연락이 왔다. 나는 상사에게 잠깐만 다녀와도 될지 물었다. 그런데 상사가 이렇게 말했다.

"야, 어차피 죽을 사람이야. 사회생활이 우습냐? 안 돼!"

더 이상 이런 곳에 있을 이유가 없었다. 한 푼이 아쉬운 입장이라 해도 이런 사람들과는 함께할 수 없다는 생각에 회사를 관뒀다.

더 이상 돌아갈 곳이 없었다. 돌고 돌아 본사에 문을 두드렸다. 그러나 나를 다시 받아준 그곳은 내가 떠날 때와는 사뭇 다르게 바뀌어 있었다. 파견직이 정직원을 서포트하는 시스템이었다. 그래서였을까. 파견직 사원들은 일을 대충 하는 분위기였다. 아무리 열심히 한다 한들 정규직이 되기란 바늘구멍을 통과하는 것만큼이나 어렵기 때문이었다. 의욕이 생기지 않는 건 어쩌면 당연했다.

그러나 나는 사정이 달랐다. 마지막 직장이라는 절박함이 있었다. 예전처럼 또 여기저기 기웃대느라 하루하루 시간을 허투루 낭비할 수는 없었다. 예전보다 더 열심히 해서 빨리 인정받아야겠다는 생각뿐이었다.

그 덕분에 나는 곧 법인팀으로 자리를 옮기게 됐다. 그리고 그곳에서 내 인생의 첫 번째 멘토를 만났다. 독서를 통한 삶의 변화가 이때 시작된 셈이다.

법인팀 팀장님은 늘 책을 보는 분이었다. 언제 어디서나 항상 책을 끼고 다녔다. 무엇보다 중학교를 중퇴한 이력으로 치열한 경쟁을 뚫고 입사해 오로지 실력으로 인정받은 모습이 너무나 인상적이었다. 집에서 책을 읽어주는 부모의 모습이 가장 좋은 교육이라고 입버릇처럼 말하시던 그분은 자기 관리가 철저했다. 직장인들의 흔한 회식도 그다지 즐기지 않을뿐더러 업무를 위한 접대도 가급적 제안하지 않았다. 매일 빼놓지 않고 책을 읽는 습관을 철저히 고수했기 때문이었다.

그동안 나는 불안한 신분에서 벗어나려면 그저 열심히 일하는 것 말고는 없다고 생각했다. 하지만 아무리 해도 지금의 자리에서 아등 바등 버티는 것밖에는 되지 않았다. 나도 인정받고 싶었다.

'똑같이 해보자. 책이라도 읽어서 팀장님처럼 실력을 키워야겠어.'

스펙도 변변찮고 괜찮은 배경도 없지만 책 읽는 건 나도 할 수 있었다. 나만 모르는 성공의 비결을 책에서 배울 수 있다면 못할 게 없었다. 어쩌면 독서만이 지금의 처지를 벗어나게 해줄 동아줄이었다. 그 줄을 나는 꽉 움켜쥐기로 결심했다. 그때부터 팀장님의 일상을 따라 했다.

가장 먼저 읽은 책이 바로 이지성 작가님의 《여자라면 힐러리처럼》 이었다. 당시 여성 최초로 미국 대선에 출마한 후보라고 해서 화제가 됐던 인물이다. 관련 정치 기사는 많이 접했지만 도대체 어떤 배경을 가진 사람인지 궁금했다. 이토록 주목을 끌게 된 이유가 더 있을 거라 생각했다.

정신없이 읽었다. 책이란 걸 처음 접해봤는데도 쉽게 술술 읽혔다. 그리고 결론을 내렸다. 그 방법은 다름 아닌 독서에 있었다. 고등학 교 때 읽은 책을 다시 읽어라, 힐러리처럼 인생을 바꾸는 멘토를 만나라 등 숱한 이야기가 등장하지만 그중에서도 "저자를 만나라"는 내용이 유독 눈에 띄었다. 저자를 만나서 질문하라는 말에 문득 나도 그렇게 해보자는 생각을 했다. 난생처음 내 힘으로 찾아 읽은 이 책의 저자를 만나야겠다고 마음먹었다. 이후에 《꿈꾸는 다락방》도 우연히 읽게 되면서 더 마음을 굳혔다.

책에 적힌 이메일 주소로 연락을 했다. 용기 내어 한번 뵙고 싶다는 말을 건넸는데 흔쾌히 만나자는 회신을 받았다. 단독으로 저자를 만난다니 갑자기 형언할 수 없을 정도로 가슴이 두근거리기 시작했다. 이전까지 강연회조차 가본 적이 없던 나였다.

나중에 알고 보니 작가님은 나의 재능 기부 이야기에 관심이 있었다. 당시 나는 학생들을 대상으로 재능 기부 차원에서 강의를 하고 있었다. 이후 나는 작가님과 종종 만나게 되었다. 그러던 어느 날이었다. 작가님이 불러서 나가보니 대형 서점이었다.

"안녕하세요. 저 왔습니다."

"아, 왔어요? 일단 책부터 좀 봅시다."

그때부터 서로 마음에 드는 책을 고르기 시작했다. 마트에서나 보던 쇼핑 카트가 서점에도 있다는 것을 그때 처음 알았다. 그 정도로 나는 서점에 드나든 적이 드물었다. 한참을 낯선 쇼핑을 경험하면서 깨달은 바가 있었다. 세상에는 참 많은 책들이 있다는 것이었다.

'와, 이런 책도 나오는 거야? 정말 다양하네.'

욕심이 생겼다. 계속해서 책을 가까이하고 싶다는 의지가 나도 모르게 생겨났다. 작가님을 만나서 이야기를 나누는데, 처음에는 존재 자체가 어렵게 다가왔다. 작가님에게 어떤 이야기를 꺼내야 하는지 몰랐고, 작가님이 무슨 이야기를 하는지도 선뜻 이해가 되지 않았다. 지금까지 살면서 '인문'이란 단어를 내 입 밖으로 내본 적이 없었다. '책 좀 읽을까' 하는 생각을 쉽사리 해본 적도 없었다. 그렇게 멀리했으니 무슨 말인지 알아들을 리가 없었다.

--- ⚡ **이지성** 작가의 **멘토링** ⚡ ---

- ▸ 독서도 절박함으로 해야 한다. 독서는 삶의 변화를 위한 실행 과정이다.
- ▸ 책을 읽어야 하는 자신만의 이유를 분명히 가져라. 그래야 꾸준한 독서가 가능하다.
- ▸ 성공한 사람들은 독서에 대해서도 엄청난 열정을 갖고 있다는 공통점이 있다.
- ▸ 'R=VD(Realization=Vivid Dream)'은 단순히 노력을 부정하는 게 아니다. 노력을 넘어선 믿음을 가지라는 의미다. 꿈이 이미 이루어졌다는 사실을 믿는 정신의 에너지가 꿈을 위해 노력하는 물리적 에너지를 초월해야 한다는 것이다.
- ▸ 시간을 헛되게 보내지 마라. 책 읽을 시간이 없다는 것은 핑계다.

어쩌면 그저 유명한 작가 앞에 앉아 있다는 생각만으로 들떴는지 모르겠다. 나는 그저 신기하고 설레고 마냥 신이 났다. 내가 이런 분을 만날 기회가 있을지, 또 만날 만한 상황이 되는지 생각해봤다. 아무래도 어려워 보였다. 여의치가 않았다. 그때만 해도 작가님과의 인연이 계속 이어질지 전혀 생각하지 못했다. 가급적 이 순간을 놓치지 않아야겠다는 생각뿐이었다. 단지 책을 좀 읽어야겠다는 생각을 한 뒤, 문을 한 번 두드렸을 뿐인데 그 문이 활짝 열렸다. 나에게 이런 기회가 올지 정말 짐작도 못했다.

"요즘은 무슨 책을 보나요?"

"네? 아, 요즘 작가님 책을 보고 있고 또……."

또 만났을 때 작가님은 무슨 책을 보고 있냐고 물었다. 그래서 최근에 읽은 책을 쭉 이야기했다. 그런데 작가님이 고개를 갸웃거렸다. 나는 무슨 실수라도 했나 싶어 은근히 눈치를 살폈다.

"책을 띄엄띄엄 보나봐요?"

"뭐, 아무래도 일이 바쁘다 보니……. 그래도 틈이 날 때마다 보려고 노력하고 있습니다."

"틈날 때마다라……."

나중에야 알았지만, 나의 독서 태도나 방식은 잘못된 것이었다. 책은 틈날 때 읽는 것이 아니라 읽으려고 틈을 내야 하는 것이다. 하지만 나는 그때 스스로 대견해하고 있었다. 친하지도 않던 책을 읽고 있다는 게 뿌듯했고, 바쁜데 틈틈이 책을 본다는 게 직장인으로서 쉽지 않은 일이라고 여기며 자만했다.

작가님과의 만남이 곧 공부라는 것을 깨닫는 데에는 좀 더 시간이 걸렸다. 아마도 어설픈 독서 습관에 대해 도움을 줘야겠다고 생각했는지 작가님이 나를 부르는 일은 점점 많아졌다. 강연이 있는 날 직접 부르기도 하고, 다른 유명인사의 강연장에 함께 데려가기도 했다.

작가님을 따라 행사나 모임에 나가기 시작하면서 나는 좀 더 넓은 세상에 들어선 것만 같은 느낌을 받았다. 강연회에서 만난 작가님은 또 달랐다. 그 후로 작가님이 내 동경의 대상이 되었다면 조금 과한 표현일까. 이 방면에는 문외한이었던 터라 강의 내용이 솔직히 어렵게 느껴진 것도 사실이었다. 그때는 질문조차 제대로 하지 못했다. 그만큼 뒤처지지 않으려 열심히 듣고 또 되새기기 위해 메모했다. 한마디도 놓치기 싫었다. 처음 경험해보는 독서 강연은 그야말로 꿀처럼 달았다. 나는 그간 겪어보지 못했던 주옥같은 이야기에 푹 빠졌다. 그리고 언제부턴가는 누가 시키지 않아도 스스로 카메라를 들고 다니며 촬영할 정도로 적극적이 되었다. 강연 후기도 빼놓지 않고 기록하기 시작했다. 그렇게 만남이 이어지는 과정에서 작가님은 하나씩 조언을 해주었다.

그중에서도 가장 기억에 남는 조언은 작가님이 첫 만남부터 지금까지 줄곧 나에게 던졌던 바로 이 질문이다.

"대체 책을 왜 읽나요?"

왜 읽느냐는 질문은 생뚱맞았다. 그동안 내가 독서를 한 이유는 뭔가 도움이 되고 좋은 것이라고 막연히 생각했기 때문이다. 나는 선뜻 대답을 하지 못했다. 그런데 이 질문 자체가 중요한 가르침이었다. 독서뿐만 아니라 무슨 일을 하더라도 왜 하는지 그 이유를 분명히 알아야 한다.

작가님을 만난 이후 나는 독서의 의미에 대해 다시 생각하게 됐다. 독서가 곧 공부이고, 독서를 통해 사람을 만나는 것이 곧 삶이 변하는 순간의 시작이란 것을 깊이 깨달았다. 읽고 나면 많은 생각들이 머릿속을 맴돌았다. 정리하지 않고는 주체할 수 없을 정도였다.

이때부터 자리한 독서 습관은 내 평생의 자산이 되었다.

⤜ 읽어야 하는 이유를 찾다 ⤛

아무런 희망이 보이지 않았다. 암흑 속이었다. 어떻게 빠져나가야 할지 몰랐다. 정규직이 되기란 하늘의 별 따기였다. 소박함이, 평범함이 허락하지 않을 때였다. 상처 주는 말을 서슴없이 하는 사람들 사이에서 책이라는 것을 알게 됐다. 현실을 피하고 싶었다. 읽을 수밖에 없었다. 그만큼 간절했다. 방법이 궁금했다. 이후 독서 멘토를 만났고, 내 삶은 완전히 180도 바뀌었다. 처음으로 마음의 위로를 받았던 책들을 나누고 싶다.

| 여자라면 힐러리처럼 | **이지성** |

대선 후보로 올라가기 위한 그녀의 부단한 노력과 열정을 통해 자기계발 요소를 배울 수 있었다. 특히 이 책을 읽고 이지성 작가와의 만남을 결심했다.

| 나는 희망의 증거가 되고 싶다 | **서진규** |

삶의 방향성에 깊이 공감했다. 힘든 상황을 이겨내고 누군가에게 희망을 줄 수 있는 존재가 되어야 한다는 것이 인상적이었다.

| 꿈꾸는 다락방 | **이지성** |

실제로 꿈을 이루는 구체적이고 실행 가능한 방법을 배웠다. 희망을 말하는 책이다.

| 성공하는 사람들의 7가지 습관 | **스티븐 코비** |

회사의 법인팀 팀장님이 보던 책으로, 상황에 따른 패러다임을 인식하게 해준 소중한 책이다.

| 익숙한 것과의 결별 | **구본형** |

당장 변화하기 위해서 무엇을 해야 할지에 대해 고민하게 해준 책이다. 변화는 어렵지만, 시작 자체는 어려운 게 아니라는 것을 깨닫게 해주었다. 변화의 필요성을 일깨워준 책이다.

| 지도 밖으로 행군하라 | **한비야** |

인생 참 멋지게 산다는 느낌을 받으며 읽은 책이다. 간혹 방송에서 보던 그녀의 삶에 대한 열정은 책을 통해서도 고스란히 느껴졌다. "내 심장을 뛰게 하는 일이니까요"라는 고백이 가슴을 울렸다. 지금 하고 있는 일에 대한 마음을 다잡을 수 있었고 또 분명한 내 역할에 대한 고민을 하게 되었다. 남에게 보이기 위한 명예나 성취가 아닌 스스로 만족할 수 있는 삶에 대한 기준을 재정립하게 도와준 책이다.

⫶ 책 읽기의 어려움 ⫶

독서를 처음 시작할 때는 묘한 설렘과 적잖은 부담감을 동시에 느꼈다. 이제 나도 첫 걸음을 뗐으니 왠지 뿌듯했다. 초기에는 책을 거의 마구잡이로 읽었다.

그리고 이지성 작가님을 만날 무렵에는 닥치는 대로 보는 게 더 심해졌다. 법인팀 팀장님이 보던 책도 봐야 했고, 누군가 옆에서 읽은 책이라고 이야기하면 덥석 집어 들기부터 바빴다. 읽긴 읽어도 이해를 잘하고 있는지는 알 수 없었다. 딱히 누군가와 책에 대해 이야기를 나눈 적도 없었던지라 독서의 성과에 대해 체감하지 못하고 있었다. 게다가 당시에는 한 번 읽은 책을 다시 보는 경우가 드물었다. 한 권을 다 읽으면 그저 뿌듯해하며 책장에 꽂아둘 뿐이었다. 책장에 꽂힌 책은 먼지만 쌓여갔다.

당시에는 내가 생각해도 분명 책을 읽고 있지만, 글자를 좇아가는 것에 불과했다. 간혹 책을 빨리 읽어야 한다는 마음에 책장을 마구 넘기다가 바로 앞의 내용이 생각하지 않을 때도 있었다. 시간을 쪼개서 책을 읽고 있는데 내용이 기억나지 않으니 허탈할 지경이었다. 뭔가 교훈이 될 만한 내용이 떠올랐다고 해도 인상적인 몇몇 구절이 전부였다.

난독증이나 다름없었다. 읽어도 무슨 내용인지 명쾌하게 파악되지 않으니 답답했다. 어려운 책도 아니었다. 그럼에도 좀처럼 나아지지 않았다.

도대체 무엇이 문제일까. 학창 시절에 공부를 제대로 하지 않아서 이토록 어려운 것일까. 한때 독서의 신세계를 발견하고 느꼈던 희열이 무색할 만큼 의기소침해지기도 했다. 그렇다고 해서 책 읽기를 포기할 수는 없었다. 작가님이나 팀장님처럼 독서를 통해 자존감을 키우고 싶은 마음은 여전했다.

책 한 권을 봐도 헤매는데, 작가님은 수많은 책을 보며 글까지 쓰는 게 대단해 보였다.

"작가님은 그 많은 책의 내용을 어떻게 다 이해하세요?"

"책 읽는 게 어려워?"

"네. 읽고 나서 뒤돌아서면 금세 까먹고. 좀처럼 내 걸로 만들지 못하는 것 같아요."

"그냥 읽는 게 아니라 독해를 해야지."

"독해요? 영어 원서도 아닌데 무슨 독해를……."

작가님은 내 얼굴을 보더니 미소를 지었다.

독해는 읽어서 이해한다는 뜻이다. 영어든 뭐든 문제는 언어가 아니다. 한글을 보더라도 뜻을 모르면 독해가 되지 않은 것이다. 그때까지 내가 하는 독서는 단지 읽기만 할 뿐 읽어서 이해하는 독해가 되지 않은 책 읽기였다.

독서는 책을 읽고 자신의 생각을 더해서 내용을 정리하는 과정이 있어야 한다. 그런데 나는 글자만 줄곧 입력했던 것이다. 행간의 의미를 이해하려 들기보다 읽기에만 급급했다.

독해를 제대로 하지 못한 이유는 우선 잘못된 책 읽기 방법 때문이었다. 글자를 읽을 줄 안다고 책을 읽는다고 할 수 있을까. 당시 나는 글자를 모르는 문맹이 아니라 뜻을 모르는 의맹意盲이었다. 책을 읽으면서도 내용을 파악하지 못하는 아이러니를 매순간 느끼고 있었다.

책 읽기 방법뿐만 아니라 읽고 나서도 문제였다. 당시 썼던 독서 후기를 다시 펼쳐보면 민망할 따름이다. 눈에 띄는 구절을 적고 감동적이었다는 식의 감상을 남기는 데 그치고 있었다.

나는 작가님에게 독해를 잘하려면 어떻게 해야 하는지 물었다.

"독서는 수험 공부하듯이 암기하는 게 아니라 맥락을 이해하는 게

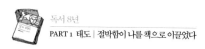

중요해."

작가님은 문맥을 읽는 독서를 말했다. 몇몇 구절만 외우는 것은 자칫 뜻을 왜곡할 수 있다고 당부했다.

예를 들면 에디슨이 남긴 "천재는 1%의 영감과 99%의 노력으로 이루어진다"는 말은 노력을 강조하는 것으로 잘 알려져 있다. 수많은 책이나 강의에서 대부분 그런 의미로 차용한다. 그러나 실제 뜻은 달랐다고 한다. 에디슨이 인터뷰를 하며 "노력만으로는 천재가 될 수 없다"는 뜻으로 한 말이라는 것이다. 곧 천재에게는 1%의 영감도 반드시 필요하다는 것이다.

만약 에디슨이 노력의 미덕을 내세우며 이 말을 했다면 우리가 흔히 알고 있던 의미로 해석할 수 있다. 하지만 혹 영감을 우선 강조하기 위해 앞에 쓴 것이라면 의미는 정반대가 된다. 앞뒤 맥락을 파악하지 않은 채 눈길이 가는 특정 문장에 꽂혀서 생각한다면 전혀 다른 의미가 되고 마는 것이다.

책 읽기는 문장이 아닌 문맥을 이해하는 것이다. 당시 나는 문맥을 읽어나가지 못해 그저 검은 것은 글자이고 흰 것은 종이인 독서를 하고 있었다.

문맥을 이해하지 하지 못하는 사람은 책에서 말하고자 하는 바의 전체적인 윤곽을 그려내지 못한다고 한다. 책 한 권을 읽고 그 책의 콘셉트를 한 문장으로 표현할 수 있을 만큼 뚜렷한 상象을 떠올리지 못하기 때문에 난독에 가까운 결과를 낳는다는 것이다. 그 이유는 어휘나 단어의 해석 능력이 떨어지거나 문장 이해력이 낮기 때문일 수도 있다. 그러나 비교적 쉬운 책을 읽으면서도 상을 떠올리지 못하는 것은 왜일까.

작가님은 가장 재미있게 읽을 수 있는 책부터 먼저 보라고 조언했다. 문맥의 이해는 자신이 알고 있는 정보와 가장 밀접한 내용을 접할 때 수월해진다는 것이다.

독서에서의 독해는 단지 어떤 뜻이라고 해석하는 데에 그치는 것이 아니다. 글의 내용을 이해하고, 그 내용을 자신의 것으로 만드는 과정이다. 이런 과정은 자신이 얼마나 배경지식이나 정보를 가지고 있는지에 따라 독해의 수준이 달라지기도 한다.

⊰ **이지성** 작가의 **멘토링** ⊱

▶ 독서는 독해의 과정이다.
▶ 독해를 하려면, 책의 문맥을 이해할 수 있어야 한다. 따라서 책 읽기는 연속성을 잃지 말고 이루어져야 한다.
▶ 문맥의 이해와 독해의 수준을 높이는 훈련은 자신이 가장 재미있게 여기는 책부터 시작하는 게 좋다.

심리학자들은, 인간의 반응은 지식이나 감정이 혼합되어 나타난다고 말한다. 어떤 정보가 특별히 기억에 남거나 자신의 의견을 제시할

수 있는 것은 관련 경험과 지식을 갖췄을 때 가능하다는 것이다. 아무리 복잡하게 얽혀 있는 정보라고 해도 문맥의 이해로 논리적인 구성에 도달할 수 있다. 결국 심리학자들의 말처럼, 책 읽기에서 독해력을 높이려면 내가 잘 알고 있는 분야부터 책 읽기를 시작하는 게 좋다.

가만 생각해보니 그동안 책 읽기가 어려웠던 이유에는 성급한 욕심도 한몫했다. 독서를 하겠다고 나섰을 때, 평소 나와 관련 없는 내용을 단지 욕심 때문에 읽었던 적이 많았다. 인문고전도 별다른 준비 없이 무작정 읽기부터 했으니 독해력이 떨어질 수밖에 없었다. 이런 내게 도움을 준 책이 하나 있다. 서점에서 우연히 본 《책 읽기의 달인, 호모 부커스》라는 책이다.

저자 이권우는 이 책에서, 수많은 책이 쏟아져 나오는 요즈음 필요한 정보만 가려내는 독서법이 널리 이야기되고 있는 것을 거론하며 "어떤 독서법이 인기를 끌더라도 결코 훼손되어서는 안 되는, 근본적인 게 있다는 뜻이다. 주자朱子는 그것을, 요샛말로 표현하면, '깊고 느리게 읽기'로 정의했다"라고 말했다.

여기서 깊고 느리게 읽는다는 말은 결국 독해와 문맥의 이해가 이루어지는 독서법을 말한다. 이러한 독서가 근본적인 독서다.

나는 다시 《여자라면 힐러리처럼》을 꺼내 들었다. 이미 봤지만 다시 보면 다르게 다가올 것 같았다. 무엇보다 관심이 많았던 자기계발서라 제대로 독해하고 싶었다. 게다가 이제는 이 책의 저자인 이지성 작가님을 직접 만날 수 있으니 읽기의 어려움을 느낄 때마다 메모해 두었다가 물어볼 수도 있었다. 다시 읽을 때는 가볍게 넘기지 않고, 깊고 느리게 읽으려고 노력했다.

⸑ 독서, 결코 쉽지 않다 ⸑

마음만 먹으면 책 읽는 것쯤이야 별것 아니라고 오만하게 생각하는 사람들이 있다. 책을 읽기만 하면 웬만한 독서가讀書家 못지않은 수준이 될 것이라는 착각을 하기도 한다. 다만 너무 바빠 시간이 없어서, 책에 집중할 여력이 안 돼서 못할 뿐이라고 말이다. 과연 그럴까. 막상 책을 읽고 나서 이해했는지 물어보면 서점에서 제공하는 요약이나 서평을 짜깁기해서 말하는 경우가 부지기수다. 자기만의 감상과 생각은 빠져 있다. 문맥에 대한 정확한 이해 없이 자기 식으로 아무렇게나 의미를 왜곡해 말하는 사람도 있다. 책 읽기를 시작했다면, 습관으로 자리 잡게 하고 싶다면 반드시 독해 훈련이 함께 이루어져야 한다.

| 책 읽기의 달인, 호모 부커스 | 이권우 |

청소년 대상으로 삶의 변화를 위한 책 읽기를 강조한 책이다. 저자는 책 읽기의 달인이 되려면, 깊고 느리게 읽으라고 말한다. 내가 책 읽기에서 독해와 문맥의 이해 때문에 고민하던 차에 시의적절한 조언이 됐다. 깊고 느리게 읽고, 토론과 글쓰기까지 제안하는 저자의 조언은 책 읽기 초보자에게 많은 도움이 된다.

| 나는 읽는 대로 만들어진다 | **이희석** |

일시적인 승리보다는 지속적인 성공으로 이끄는 독서법을 알려준다. 변화의 시작부터 지속까지 단계별로 밟아온 자신의 독서 이력을 가감 없이 소개한다.

| 책만 보는 바보 | **안소영** |

조선 시대 책벌레 이덕무와 실학자들의 이야기를 그린 책이다. 이덕무의 시선에서 마치 자서전처럼 생동감 있게 표현되어 있어 어린이를 위한 역사서지만 전혀 수준이 낮지 않았다. 그의 공부 자세와 책을 대하는 태도를 보며 나 역시 그런 마음가짐을 가져야겠다고 가슴 깊이 새겼다.

| 생산적 책 읽기 두 번째 이야기 | **안상헌** |

자칭 독서광이라는 저자의 독서 노하우를 집약해 담은 책이다. 책에서 핵심 내용을 찾는 법, 책을 읽고 오래 기억하는 법, 책 읽을 때의 마음가짐, 책 읽는 습관 만드는 법 등 구체적인 실천 방법들이 나와 있어 도움이 되었다.

| 독서 천재가 된 홍대리 2 | **이지성** |

'생존을 위한 독서' 이후의 삶에 대해 이야기하고 있다. 눈으로 읽는 독서, 권수를 채우는 독서, 맹목적인 독서에서 벗어나 삶에 적용하고 변화를 꾀하는 실천의 독서, 변화의 독서, 나눔의 독서야말로 독서 본연의 이유이자 목적이라고 말한다. 1권과 마찬가지로 스토리 형식으로 구성되어 있어 재미있게 읽었다.

| 정민 선생님이 들려주는 고전 독서법 | **정민** |

살아 있는 독서, 참 공부를 위한 정민 교수의 독서법이 소개되어 있다. 그가 말하는 고전적인 책 읽기가 궁금해서 읽기 시작했다. 선인들이 책을 대하는 태도와 일과표 등을 문헌으로 살펴볼 수 있어 흥미로웠다.

| 생각을 넓혀주는 독서법 | **모티머 J. 애들러 · 찰스 반 도렌** |

책 읽기에도 특별한 방법이 있다고 한다. 독서의 성공 여부는 '저자가 전하는 것을 어느 정도 이해할 수 있는가'에 있으므로 올바른 독서법이 무엇보다 중요하다고 역설한다. 실용서, 문학서, 역사서, 철학서 등 분야별 맞춤 독서법을 알 수 있다.

⸝ 진짜 독서는 마음을 배우는 것 ⸜

책 읽기의 어려움을 극복했다고 해서 제대로 된 독서를 시작했다는
건 착각이었다. 이제 겨우 책 읽는 습관을 갖추게 된 것뿐이었다. 그
러나 여전히 독서의 본질에 대해서는 깨닫지 못하고 있었다. 여전히
책을 많이 읽어야 한다는 생각만 지나치게 하는 중이었다. 책을 읽는
다는 게 마치 숙제를 해치우는 느낌이 들곤 했다. 나는 이게 과연 올
바른 독서인지 고민스러웠다.

독서를 통해 얻는 게 과연 무엇일까? 책을 많이 읽어 박학다식한
면모를 갖추는 것이 내가 독서를 하는 목적일까? 책을 왜 읽어야 하
는지 나름의 이유가 생겼다면, 그 이유에 따른 목적도 분명 있어야
했다.

우여곡절 끝에 돌아온 회사에서의 생활은 긴장의 연속이었다. 한 번 나갔다가 들어왔으니 눈치 아닌 눈치도 보였다. 사실 그 눈치는 스스로 자처한 것이기도 했다. 더 이상 엉뚱하게 헤매며 시간을 낭비할 수는 없는 노릇이었다. 또 상황에 치여 도태되기는 죽기보다 싫었다. 어떻게든 버텨야만 했다. 두 번 다시 실패는 없다는 듯 더욱 일에 매달렸다.

일 중독자라는 소리를 들을 만큼 일에 파묻혔지만, 그것만으로는 불안을 떨쳐낼 수 없었다. 여전히 비정규직 파견사원이라는 신분은 틈날 때마다 숨이 막힐 정도로 가슴을 조여왔다. 열심히 하는 것만으로는 뭔가 부족하다는 생각을 떨칠 수가 없었다. 돌파구가 필요했다. 더욱 책에 매달렸다. 당장 일에 도움이 되진 않지만, 앞으로 어떻게 해야 할지 막막했기 때문이다.

법인팀 팀장님은 시시때때로 나를 자극했다. 자기 관리에 철저한 모습을 거의 하루 종일 보게 되니 저절로 자극을 받을 수밖에 없었다. 그즈음 나는 자투리 시간도 아깝게 여겼다. 자투리 시간이 아깝다는 것은 단지 그냥 낭비되는 시간이 아까웠던 것 때문만은 아니었다. 당시 읽기 시작한 책들에서 강조하던 원칙을 지키는 것의 중요성을 내 생활에서 실현하고 싶었다.

자투리 시간을 줄이기 위해 나는 먼저 술과 담배를 끊었다. 이 두 가지를 끊는다는 것은 굳이 건강과 시간의 가치만을 의식한 게 아니다. 술 한 잔과 담배 한 모금의 대가는 '남 탓'에 길들여지는 것이다. 당시 술자리는 땀 흘린 일상을 달래주는 자리라기보다 뒤에서 수군 대는 시간이었다. 일과 중에 짬짬이 담배를 피우러 갈 때도 마찬가지 였다. 쓸데없는 농담으로 자투리 시간을 흘려보내기 일쑤였다. 결국 '남들도 같이 쉬니까' 하는 생각에 안도해버리고 마는 것이다.

술자리와 담배 피우는 시간을 꺼린 또 하나의 중요한 이유가 있었 다. 대리점에서 본사로 오는 사람들이 담배 한 대 피우러 가자고 하 는 말은 곧 조용히 부탁할 게 있다는 의미였다.

"자, 여기 담배. 근데 이번에 우리 좀 봐주면 안 될까? 내가 확실히 보답해드릴게. 부탁 좀 해요, 응?"

모든 회사에는 일을 처리하는 정해진 절차와 시스템이 있다. 내가 다닌 회사 역시 마찬가지로 본사 시스템에 따라 모든 대리점을 심사 해서 지원할 만한 곳을 결정했다. 그런데 굳이 본사에 찾아와서 담당 자를 불러내는 이유가 무엇이겠는가. 나는 그 잠깐의 자투리 시간에 애매하게 엮이는 게 싫었다.

특히 술자리는 더 조심스러웠다. 취한 상태에서는 무슨 말이든 오 가기 마련이고, 어떤 일이든 약속 못할 게 없었다. 술 한 잔에 도원결 의를 맺는 것쯤 아무것도 아니다. 그렇지만 일상으로 돌아왔을 때는 깃털보다 가벼운 관계만이 남을 뿐이다.

생각해보니 괜한 공수표를 남발하거나 립 서비스가 난무하는 관계에 쏟아붓는 시간이 의외로 많았다. 시간을 들인 만큼 가치가 있는 게 아니니 늘 후회하기 일쑤였다. 술기운에 혹은 분위기에 휩쓸려 나도 모르게 책임지지 못할 약속을 덜컥하고는 후회한 적이 한두 번이 아니었다.

　문제는 평소 내가 술과 담배를 즐기는 사람이라는 것이다. 한꺼번에 두 가지를 끊는 게 말처럼 쉽지 않았다. 친구 만나는 것을 좋아하고, 적당히 한잔하며 스트레스를 달래는 것이 낙이라면 낙이었다. 그렇지만 친구들과 가진 술자리에서는 갈수록 신세한탄이 늘었고, 회사 밖에서 술과 담배로 연장된 자리에서는 공정하지 못한 일에 얽이는 경우가 늘어났다. 나는 술과 담배로 보내는 자투리 시간이 아까워 견디기 어려웠다. 마음속에서 일어난 작은 변화였다.

　나로서는 술과 담배를 끊는다는 새로운 도전에 걸맞은 선택을 해야만 했다. 어쩌면 큰 대가를 치를 수도 있었다. 직장 동료나 친구들과 다소 거리가 멀어지는 것을 감수해야 한다는 게 쉽지 않았다. 사람이 재산이고, 또 사회생활에서 인적 네트워크가 얼마나 중요한지를 모르는 것은 아니었다. 그러나 술과 담배가 있는 자리는 그런 가치가 있는 만남으로 이어지기 힘든 경우가 너무나 많다고 판단했다.

　남들은 이런 내가 도 닦는 승려처럼 보였을까. 답답하다고 생각했을는지도 모른다. 나는 헛되이 보내는 시간을 일과 자기 관리에 쏟아붓는 게 훨씬 낫다는 생각으로 책을 펼쳤다. 수능을 앞둔 때보다 더 열심히 책을 보고 또 봤다. 그렇게 독서는 습관이 됐다.

어떤 일이든 처음에는 재미가 있고 푹 빠지듯이 책 읽는 것도 마찬가지였다. 이쯤 되면 이지성 작가님을 만나도 책과 관련해서 그리 부끄러운 수준이 아닐 거라 여기던 어느 날이었다. 그날 작가님이 무심코 던진 한마디에 죽비를 맞은 듯한 기분이 되고 말았다.

"책을 읽으면서 뭘 배운다고 생각해?"

"자기계발도 되고 좀 더 많은 지식을 쌓을 수도 있다고 생각해요."

나뿐만 아니라 많은 사람들이 주로 전문적인 지식을 얻는다거나 스스로 수련하기 위해 책을 읽는다. 내 평범한 대답에 작가님이 의미심장한 표정을 지으며 다시 질문을 했다.

"자기계발을 왜 하는데? 그리고 지식을 많이 쌓는다는 게 무슨 의미가 있지?"

"그거야……."

왠지 더 이상 대답을 할 수 없었다. 사실 자기계발이라는 단어를 말한 것도 당시 읽었던 책들이 대부분 자기계발 분야였기 때문이다. 직장인들을 대상으로 한 회계나 마케팅 같은 실무를 다룬 내용부터 경제경영의 패러다임을 설명해주는 책까지 당장 일에 적용할 수 있는 것들을 주로 읽고 있었다. 족집게 교재를 보며 문제를 풀고 답을 구하듯 나의 독서법도 이와 다를 게 없었다.

"그 작가는 왜 그런 책을 썼을까?"

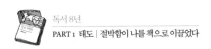

"그 분야에 대해 잘 아는 전문가이고 또 성공을 했으니 쓴 게 아닐까요?"

"그럼 그 책에 나온 대로 따라 하기만 하면 모두가 성공할 수 있는 걸까?"

"다는 아니지만 그래도 어느 정도는……."

말문이 막혔다. 팀장님을 보면서 책을 많이 읽고 지식을 쌓으면, 나도 유능한 인재가 될 수 있으리라는 기대감에 부풀어 올라 있었다. 한편으로는 책을 많이 읽는 것만으로도 충분히 인정받을 것이라 생각했다. 나는 작가님의 예상치 못한 질문들 앞에 당황했다.

'책을 읽고 나도 이 사람처럼 한번 해봐야겠다고 결심하는 게 목적이 아니라면, 뭐 때문에 책을 읽는 거지?'

베스트셀러가 될 만큼 많은 사람들이 읽었지만, 그 책을 읽고 그 사람처럼 성공했다는 이야기를 나는 들어본 적이 없었다. 책에 나온 그대로 실행하기가 어려워 그런 것인지는 알 수 없다. 다만 그렇게 해도 바뀌는 게 없었다며 원망하는 경우는 종종 보았다. 나는 새삼 자기계발이란 뭔지, 또 왜 해야 하는지 궁금해졌다.

"책을 읽는다는 건 결국 마음을 공부하는 거야."

그럴듯한 문구에 줄을 그어 외우는 것이나 책의 내용을 머리만으로 이해하는 것이 독서의 전부가 아니라는 말이다. 무작정 책에 나온 내용대로 따라 하는 것 또한 올바른 독서라고 볼 수 없다는 것이다.

그즈음에 읽은 책이 일본 작가 사노 신이치가 쓴 《손정의》였다. 이 책에서는 소프트뱅크의 신화를 써내려간 손정의가 병석에서 책을 2천여 권이나 읽으면서 사업을 구상했다는 내용이 나온다. 그에게 독서는 생존이었다.

그제야 이지성 작가님의 말이 이해가 됐다. 구체적인 성공 비결을 그대로 따라 하는 것은 실패할 가능성이 높다. 2군에 있는 야구 선수가 1군 선수의 타격 동작을 똑같이 따라 한다고 해서 당장 성적이 좋아질까. 겉으로 드러나는 동작도 물론 중요하지만 경쟁을 이겨내려는 심정도 공감하고 배워야 성공할 수 있다.

> ⊰ **이지성** 작가의 **멘토링** ⊱
>
> ▶ 마음이 전부다. 저자의 마음을 이해할 때 비로소 그 책이 내 것이 된다.
> ▶ 독서를 통해서 성공한 사람의 '마인드'를 배워야 한다.
> ▶ 성공이라는 아웃풋을 얻으려면, 그만큼 인풋이 필요하다. 대부분의 자기계발 도서는 사실 인풋의 강조를 말하는 것이다.
> ▶ 가급적 성공한 사람, 혹은 저자를 직접 만나라.

사람마다 체질이 다르듯이 성공에 이르는 길도 저마다 제각각이다. 작가님은 자신에게 맞지 않는 옷을 억지로 입으려 하지 말고, 그 옷을 왜 입으려고 하는지를 먼저 살펴볼 필요가 있다고 했다. 결국 저자가 왜 그 책을 쓴 건지, 어떤 마음으로 성공에 이르렀는지 이해하는 게 우선이라는 것이다. 무슨 목적이든 간에 책을 읽을 때 중요한 것은 저자와의 교감이고, 이 교감을 통해 제대로 책의 내용을 이해할 수 있다는 말이다.

"그래서 책만 읽을 게 아니라 이왕이면 책을 쓴 저자도 만나는 게 좋아."

작가님의 말을 듣다 보니 문득 내가 지금 작가님을 만나고 있다는 것이 새삼스럽게 느껴졌다. 책으로만 접한 작가님, 언론에서나 볼 수 있는 작가님이 내 앞에 앉아 있었다. 작가님은 처음부터 자신의 책을 과외하듯 가르치지 않았다. 일상에서 독서에 대해 편안히 대화를 이어갔을 뿐이었다. 그리고 어떻게 책을 읽었고, 책을 읽는 행위가 어떤 의미인지 차차 알려주었다. 그렇게 시작한 인연으로 차근차근 독서의 이유와 맥락을 깨달은 것이다. 나도 작가님을 직접 만난 뒤에야 비로소 독서라는 것에 대해 하나둘씩 제대로 배우는 중이었다.

저자를 만난다는 것은 좁은 시야를 확 틔워주는 것이다. 문장을 읽는 것보다 더 중요한 것이 무엇인지도 어렴풋이 알게 되었다. 문맥이었다. 나 같은 경우 글의 맥락은 저자와의 만남을 통해 더 자세히 알 수 있었다.

그즈음 나는 작가님이 펴낸 《스물일곱 이건희처럼》을 읽고 있었다. "자신보다 나은 지혜를 가진 사람의 지혜를 빌릴 줄 아는 사람이 가장 지혜롭다"는 내용이 인상적이라고 하자 작가님이 말했다.

"그런 의미에서 성공한 사람들도 직접 만나보는 게 어때?"

그래서 나는 성공한 사람들을 더 찾아 다녀보기로 했다.

사실 성공한 사람을 만나려고 하면 어려움이 적지 않다. 많은 사람들에게 알려진 사람이라면 더더욱 그렇다. 거절에 대한 두려움 때문에 시도할 엄두조차 내지 못하는 게 현실이다. 나 역시 그래서 첫 발걸음을 떼기가 쉽지만은 않았다. 작가님은 흔쾌히 받아주었지만, 다른 저자들은 또 어떤 반응을 보일지 알 수 없는 것이었다.

하지만 '나를 만나줄까' 생각하며 혼자 끙끙댈 필요가 없다고 생각했다. 정중하게 만남을 요청하는 일은 생각보다 그리 어려운 일이 아니다. 마음만 먹으면 편지를 보낼 수 있기 때문이다. 고맙게도 내가 편지를 보낸 그분들은 걱정했던 게 무색할 만치 선뜻 만남에 응해주었다. 용기 낸 덕분에 아낌없는 격려를 덤으로 받았다.

성공한 사람들을 직접 만난 경험은 일하는 데에도 많은 도움이 됐다. 인풋이 있어야 아웃풋이 있다는 지극히 상식적인 진리를 깊이 깨달았다. 업종이 다르고 지위가 달라도 그들에게는 물이 끓을 때까지 열심히 땔감을 만들고 불을 지폈던 과정이 공통적으로 있었다. 나는 그동안 제대로 된 땔감도 없이 불을 붙이겠다는 헛된 망상에 사로잡혀 살았다. 반성할 수밖에 없었다. 그러면서 좋은 결과만을 바란다는 게 얼마나 염치없는 짓인지 생각하게 됐다. '얼마나 더 노력해야 하는 걸까' '왜 나는 안 될까' 자학하며 불운하다고 원망만 했던 과거를 성찰했다. 환경을 탓하기보다 그릇을 더 키워야겠다고 다짐하기 시작했다. 책의 저자와 성공한 사람들을 만나면서 삶에 대한 마음가짐까지 변화된 것이다.

지금껏 나는 그들을 연예인쯤으로 생각해왔다. 나와는 다른 세계에 사는 사람들, 전혀 접점이 없을 것만 같은 사람들이었다. 하지만 가까이서 만나보니 그동안 눈을 가렸던 광채가 걷어졌다. 광채가 걷어지니 그분들의 마음이 느껴졌다. 그제야 깨달았다. 작가님의 의도는 유명한 사람들을 만나는 신기한 경험을 해보라는 게 아니었다. 그들이 어떤 마음으로 살고 있는지를 직접 들어보고 이후에도 지켜보라는 뜻이었다.

책을 읽어야 하는 이유는 나보다 앞선 사람들의 마음을 이해하기 위한 것이다. 어떤 마음으로 지금까지 오게 되었는지를 알고 공감할 수 있다면 제대로 된 독서를 한 셈이다.

⌇ 마음가짐을 바꾸는 것부터 ⌇

한때 불우한 환경을 탓한 적이 있었다. 부모 잘 만나 탄탄대로를 걷는 사람들은 부러움을 넘어 시기의 대상이 돼버렸다. 마음속에 한가득 가시가 돋았던 시절이었다. 스스로 감정이 제어되지 않던 때였다. 그러다 책을 읽으면서 바뀌었다. 그 책을 쓴 저자의 삶을 깊이 이해하면서 생각이 차분해졌다. 나도 그들처럼 계획을 세울 수 있을 것만 같았다. 시련도 과정이라 위안하기 시작했다. 시작은 마음가짐을 바꾸는 것부터다.

| 시련은 있어도 실패는 없다 | 정주영 |

이지성 작가님은 늘 큰 성공을 거둔 사람들의 이야기를 해주며 마음가짐에 대해 강조했다. 이 책을 읽고 불모지였던 한국 경제를 일으켜 세운 정주영 회장의 마음가짐을 배울 수 있었다. 변변한 학력도, 재산도 없던 정주영은 오직 도전 정신으로 성공을 이뤄냈다. "이봐, 해보기는 해봤어?"라고 물으며 도전 정신을 강조했던 그의 말에서 마음가짐의 중요성을 가슴 깊이 깨달았다.

| 인생에 대한 예의 | 이나모리 가즈오 |

일본에서 '경영의 신'이라 일컬어지는 3대 경영자 중 한 명인 이나모리 가즈
오의 카르마 경영을 배웠다. 또《왜 일하는가》《좌절하지 않는 한 꿈은 이루
어진다》를 비롯해서《아메바 경영》까지 그가 쓴 책은 거의 전부 읽었다. 일
을 한다는 것은 도를 닦는 것과 같다는 그의 말을 되새기며, 지금 내가 하는
일과 그 일에 쏟아붓는 시간에 대해 돌아보게 됐다.

| 마쓰시타 고노스케, 길을 열다 | 마쓰시타 고노스케 |

마쓰시타 고노스케도 일본의 3대 경영자 중 한 명이다. 가난해서 돈의 중요
함을 알고, 공부를 못해서 학습의 중요성을 알고, 몸이 안 좋아서 건강의 중
요성을 알았다는 글을 보며 나를 되돌아봤다. 어떤 환경이라도 배울 수 있다
는 것을 느꼈다. "피가 나올 정도로 일에 몰입을 해본 적 있는가?"라는 질문
은 안이한 나를 반성하게끔 했다.

| 손정의 | 사노 신이치 |

병석에서 2천여 권의 책을 읽고 사업을 구상했다는 글을 보며 독서는 취미
가 아닌 생존이라는 생각을 했다. 성공한 사람들은 환경과 조건을 탓하지 않
고 스스로 개척해나가고 있었다. 의지와 열정으로 결과를 만들어내는 손정
의를 보며 나의 마음을 다지게 됐다.

| 육일약국 갑시다 | 김성오 |

작은 약국이지만 디테일에 정성을 다하는 모습을 보고, 모든 일에는 공통된
성공의 법칙이 있다는 것을 깨달았다. 저자의 일상을 통해 성공은 사람을 배
려하는 것에서 시작한다는 것을 알았다.

| 스물일곱 이건희처럼 | **이지성** |

생각의 중요성을 다시 한 번 인정하게 됐다. 일류가 되기 위해 세운 원칙과 일의 핵심을 파악하기 위한 노력이 삼성의 성공 비결이었다. 특히 이 책에는 작가님이 나에게 멘토링을 한 사연이 소개되기도 했다.

| 고맙습니다 | **김승남** |

과연 나는 이렇게까지 바르게, 또 열정적으로 도전할 수 있을지를 생각했다. 이후 테드 강의 때 저자를 만난 적이 있는데, 또 한 번 남다른 겸손함과 도전 정신을 느끼고는 큰 감명을 받았다.

| 나는 실패를 믿지 않는다 | **로빈 웨스턴** |

오프라 윈프리의 어린 시절부터 지금까지를 정리한 책이다. 숱한 역경과 고난에 굴하지 않고 오히려 사람들에게 희망과 용기를 주는 윈프리의 삶을 보며, 세상에 좋은 영향을 끼치는 이들의 모습은 참 다양하며 아름답다고 생각했다.

올바른 태도를 갖추다

"책에 세상의 지혜가 있고 답이 있어요."

2011년 어느 날, 초등학교 3학년이던 딸이 한 말이다. 둘이서 정조의 《일득록日得錄》을 함께 보며 토론을 하던 중이었다. 부모로서 뭐라도 알려줘야겠다고 생각한 교만한 마음에 작은 파동이 일었다. 자식 키우는 심정이 다 그렇듯 한편으론 대견했다. 하지만 대견함보다 더 큰 울림이 아직까지도 기억에 남아 있다. 아이는 책을 보다가 직관적인 깨달음을 얻었다. 어쩌면 그 깨달음이야말로 통찰이지 않았을까. 그런데 나는 교과서를 학습하듯 책을 대했으니 아이보다 못한 셈이었다. 도대체 나는 책을 어떻게 읽어온 걸까.

《일득록》을 읽으면서 독서에 대한 태도를 본격적으로 고민하게 됐다. 아이의 말은 곧 책을 읽고 나서 조금씩 변해갈 내 삶에 대한 고민으로 이어졌다.

책은 분명 삶의 지혜를 담고 있다. 그러나 책에서 알려준 지혜가 사회에 통용된다고 볼 수는 없다. 책에서의 지혜와 눈앞의 현실 사이에는 상당한 괴리가 있다. 이 간극은 오랫동안 나에게 고민거리가 되었다.

그때까지 내 삶은 "어떻게 하면 돈을 많이 벌 수 있을까"에서 크게 벗어나지 못했다. 돈이 곧 성공이라고 생각했다. 주위를 돌아볼 여유도 없었다. 그런데 《일득록》이 나를 울타리 밖으로 시선을 돌리게 했다. 《일득록》이 책에서 얻은 지혜를 세상에서 실천하라는 묵직한 요구를 보내왔다.

그전까지는 개인의 성공만을 꿈꾸며, 그 성공을 위한 비법을 찾아내고야 말겠다는 듯이 날이 선 채로 책을 봤다. 그러나 다행스럽게도 본격적인 독서를 시작한 순간부터는 독서의 본질에 대해 고민할 수 있게 되었다. 남들 앞에서 지식을 자랑하려고 책을 읽는 것만큼 헛된 짓은 하지 않아야 한다고 생각하기 시작했다. 또 돈을 벌 수 있는 성공의 비법을 찾아내려고 책을 읽는 것 역시 어리석은 짓임을 깨달아가고 있었다.

이지성 작가님은 평소에 기부 봉사를 많이 하셨다. 처음에는 그저 '좋은 일 하는가 보다' 정도로 생각했다. 작가라 상대적으로 자유

롭고, 베스트셀러가 된 책으로 돈을 많이 벌어서 그러려니 했다. 그런데 가까이서 지켜보니 시간과 돈이 많아서 봉사를 하는 게 아니었다. 오히려 봉사를 하기 위해 시간을 만들고 돈을 버는 게 아닌가 싶었다. 무엇보다 이 일은 책과 깊은 관련이 있는 듯했다. 책과 삶의 간극, 지혜와 현실의 차이를 극복하려는 것처럼 보였다. 작가님의 기부 활동이 알려지자 몇몇 사람들이 접근해왔다.

"작가님, 이번에 저희가 이런 봉사 활동을 계획하고 있는데요. 작가님께서 좀 도와주시면 고맙겠습니다."

"아, 그런가요? 좋은 일 하시는데 제가 마다할 이유가 없죠."

2011년, 나는 작가님과 함께 교육 봉사를 다니고 있었다. 서울역 주변의 저소득층을 대상으로 한 봉사였다. 수많은 사람들이 다녀가는 서울역 거리의 화려함 뒤에 오롯이 가려진 뒷골목 풍경은 희망보다는 절망과 상실의 공간이었다.

그곳의 아이들을 돌보는 지역아동센터의 센터장이 작가님께 메일을 보내왔다. 아이들에게 주입식 교육이 아닌, 책을 읽고 토론을 하면서 사고력을 키울 수 있도록 교육하고 싶다는 취지였다. 물론 사정이 어려우니 무료로 도와달라는 내용이었다. 그런데 같은 시기에 모 대기업 회장으로부터 개인적인 부탁을 받아둔 상태라 일정이 겹쳤다.

"작가님, 어떻게 하실 건가요? 그쪽이 먼저 부탁했는데……. 요청을 거절하기가 좀 미안하네요."

"뭘 고민해? 가장 도움의 손길이 필요한 곳으로 가야지."

작가님은 바로 지역아동센터로 갔다. 이 사실이 알려지자 작가님의 팬카페 〈폴레폴레〉 회원들도 많이 찾아왔다. 작가님과 둘이 진행하기에는 여러모로 힘들었을 텐데 다행히도 천군만마를 얻은 느낌이었다. 그중 어떤 사람이 우리를 찾아왔다. 그는 자신을 자기계발 강사라고 소개했다.

"작가님, 정말 훌륭하십니다. 저도 좋은 일에 동참하고 싶습니다."

그의 방문은 기분 좋은 일이었다. 작가님 외에 또 다른 자기계발 전문가를 만나게 되어 내심 반겼던 게 사실이었다.

"그런데 저 한 가지 부탁이 하나 있습니다. 제가 요새 기업 강의를 하는데, 작가님의 콘텐츠가 너무 좋아서 사용하고 싶습니다. 강의하면서 작가님에 대해 적극적으로 알릴 테니 어떻습니까?"

나는 고개를 갸우뚱거렸다. 굳이 누군가가 나서서 일부러 작가님을 홍보해줘야 할 만큼 아쉬운 상황이 아니었기 때문이다.

"네, 그러세요. 좋은 일에 활용하신다니 괜찮습니다."

작가님은 내가 뭐라 말하기도 전에 흔쾌히 승낙했다. 나도 내 입장에서 딱히 꼬치꼬치 묻기가 애매해 그냥 넘어갔다. 하지만 그때의 꺼림칙한 예감은 들어맞고 말았다. 그는 한두 번 현장에 나와 봉사하는 시늉을 하더니 곧 발길을 끊었다. 들리는 말로는 작가님의 콘텐츠를 여기저기서 가져다 쓸 뿐만 아니라 특별한 관계인 것처럼 과시하고 다닌다고 했다. 작가님의 명성을 자신의 강의 영업에 활용하려고 봉사에 잠깐 참여했던 것이다.

또 한번은 어떤 비영리 단체가 작가님에게 접근한 적이 있었다. 외국의 가난한 아이들을 돕는다며 도움을 요청했다. 이 일에 감동한 작가님은 외국까지 따라가 기꺼이 도왔다. 단 한 사람의 손길이라도 필요하다는 이유만으로 일정을 쪼갠 것이었다. 그런데 봉사를 다녀온 작가님의 표정은 어두웠다.

"작가님, 어떠셨어요?"

"분명 비영리 단체였고, 가난한 아이들을 돕는다고 했잖아. 근데 내가 그곳에서 본 것은 전혀 다른 모습이었어."

소외된 아이들을 위해 국내에서 기부금을 받는다면서 외국에서는 호의호식을 하고 있었다. 어려운 가운데서도 십시일반 도우려는 사람들의 마음을 생각하면 그럴 수는 없었다. 작가님은 그들의 가식적인 모습에 큰 실망만 안고 돌아왔다.

자기계발 강사나 비영리 단체는 모두 '봉사'를 내세우며 작가님의 이름을 빌려갔다. 하지만 그들은 그 명목으로 여러 사람들에게서 이익을 취했다.

봉사는 그 무엇보다 순수한 마음으로 해야 한다. 단순한 자기만족보다는 기꺼운 마음으로 보답을 바라지 않고 자기의 온 힘을 다해 실천해야 한다. 그런데 봉사를 명분으로 사적인 욕심을 채우려는 이들도 있다는 사실에 적잖이 충격을 받았다. 그중에는 독서의 중요성과 필요성을 서슴없이 말하는 사람들이 있었다. 다독을 자랑하는 사람도 있었다. 그런데 겸손에 대해서는 책에서 읽지 못했던 걸까.

⚡ **이지성** 작가의 **멘토링** ⚡

▶ 독서에는 올바른 태도가 필요하다.

▶ 책을 통해 배우고 변화하기 위해 가장 필요한 태도는 겸손이다.

▶ 배우려는 사람의 자세에서 주의해야 할 것은 광적인 믿음이나 우상을 만들지 말아야 한다는 것이다.

▶ 스스로 인재가 되어야 다른 뛰어난 인재를 모을 수 있다.

▶ 인재가 되려면, 무엇보다 자기 성찰이 필요하다.

▶ 개인적인 이익을 추구하는 독서보다 모두에게 도움이 되는 독서를 해야 한다. 그래야 준비된 멘토를 만날 수 있다.

▶ 내가 도움이 될 역할을 찾는다. 받을 것보다 줄 것을 먼저 생각한다.

그들은 자기 성공만을 내세우는 독서를 했을 것이다. 그런 독서를 통해 그들은 성공했고, 리더의 자리에 올랐을지 모른다. 그러나 그들은 올바른 독서의 태도를 배우지 못해 책 속의 지혜를 현실에 실천하기는커녕 오용한다. 더 큰 문제는 이러한 비정상이 지금 우리 사회에 통용되고 있다는 것이다.

가뜩이나 선입견으로 뭉쳐 있던 나였는데, 독서에서 회복됐던 마음이 다시금 굳어졌다. 고민은 오래갔다. 그러던 어느 날 작가님과 만났다.

"《정관정요貞觀政要》라고 들어봤지?"

"아, 사자성어 말씀하시는 거죠?"

"음?"

책 제목인 줄은 꿈에도 모르고, 네 글자니 사자성어라 생각해 순간 아는 체했다. 지금 생각해보면 참 낯부끄럽다. 작가님은 웃으며 말했다.

"책이야. 중국 당나라의 역사가 오긍이 지은 책."

얕은 지식으로 버텨온 허세가 고스란히 드러난 순간이었다. 아직까지도 나는 딸아이보다 못한 어른이었다.

생각해보면 《정관정요》는 아주 적절한 때에 추천을 받은 책이다. 선행의 이면에 실망하고 회의적이던 그때, 치세술의 경전이라 할 수 있는 책을 읽으며 나를 돌아보게 된 것이다.

《정관정요》는 매우 재미있는 책이었다. 특히 요순부터 당나라 태종까지의 역사를 관통하는 이야기와 시대적 배경을 훑어보는 게 너무나 흥미로웠다. 머릿속에서 한 편의 대하사극이 방영되는 듯했다. 나라와 백성을 위한 정치를 하기 위해 왕과 신하들이 치열하게 주고받는 토론이 문답 형식으로 기록되어 있어, 마치 그 현장에 있는 듯 생생함이 느껴졌다. 내용도 어렵고 분량도 상당했지만, 이런 재미 속에서 왕의 철학을 이해하고 우국충정의 심정을 알게 되니 독서가 깊어졌다. 리더가 나라를 어떻게 운영해야 비정상이 정상으로 보이는 기이한 현상을 바로잡을 수 있는지를 생각하게 됐다.

이 책 덕분에 나의 독서 태도까지 바뀌게 된 건 큰 수확이었다. 당시 나는 단순히 책을 읽는다는 것을 넘어 이제 어떻게 읽어야 하는지에 대해 고민하고 있었다. 무작정 읽고 왠지 중요해 보이는, 또 그럴듯한 문장에 줄을 긋는 것으로 독서 행위를 마무리하고 있는 건 아닌지 곰곰이 생각해봤다. 때로 책을 읽어야 한다는 강박에 무심히 흘리듯 볼 때도 있었다. 오늘은 이만큼 봐야 한다는 생각에 안절부절못했다. 나는 먼저 왜 읽어야 하는지를 늘 염두에 두기로 했다. 왜 읽는지를 생각하면서 보게 되자 책을 대하는 태도가 자연스레 바뀌었다.

《정관정요》는 어렵게만 느끼던 인문고전에 대한 인식을 바꾸는 데도 큰 영향을 주었다. 인문고전 중에는 번역서가 많았는데, 이해하기 힘든 책은 다른 번역서를 구해 교차로 읽어가며 좀 더 내 것으로 만들고자 했다. 대충 안다고 넘길 것이 아니라 다양하게 숨어 있는 이야기에 귀 기울여야 정확한 메시지를 찾을 수 있다고 생각했다. 겸허한 자세로 책장을 넘길 때 책은 비로소 내 마음에 들어왔다. 그래서 독서를 할 때 가장 먼저 준비되어야 하는 태도가 겸손이라고 생각하게 됐다.

언젠가 아이와 함께 영화 〈쿵푸 팬더〉를 본 적이 있다. 영화에서는 욕심이 지나친 제자와 순수하게 배움을 즐기는 제자의 상반된 모습이 등장한다. 다들 아시다시피 권선징악으로 끝난다. 단지 영화라서 진부한 결론을 내린 걸까? 물론 스크린 밖의 세상은 불의가 정의를 이기고, 구정물이 샘물을 밀어내는 경우가 허다하다. 하지만 꼭 그렇지만은 않다. 결국 배움의 자세는 개인의 삶을 배신하기보다 언젠간 빛을 보게 해준다.

독서 역시 배움이다. 독서를 하다 보면 가끔 나는 책을 읽는 행위 자체가 수련의 과정이라고 생각할 때가 있다. 책을 읽고 저자의 마음을 순수하게 느끼게 되면 자연스럽게 삶을 어떻게 살아가야 할지에 대한 고민이 이어진다. 고민은 배움의 필요성을 절감하게 하고, 다시 책을 향하게 만든다. 이 수련 끝에 책은 지혜를 허락한다. 독서의 수련은 곧 인생에 대한 배움의 과정인 셈이다. 그러니 독서는 지식을 더 많이 쌓기 위해서, 돈을 더 많이 벌기 위해서가 아니라 인생의 지혜를 구하고자 하는 배움의 태도로 임해야 한다. 올바른 자세부터 갖추고 겸손하게 정진해야 한다.

⟨ 태도를 점검하게 하는 책들 ⟩

점점 책을 대하는 마음가짐이 달라졌다. 책에 길이 있다고 생각하기 시작했다. 삶이 퍽퍽해 등한시했던 책을 그 무엇보다 소중히 여겼다. 그 순간 자만했다. 위선적인 사람들을 보면서 정작 내 자신은 보지 못했다. 그때 나의 태도를 점검하게 해준 책들이다. 고맙게도 이 책들을 읽은 후 나의 독서력은 깊어졌다.
책에서 겸손을 배웠다.

| 일득록 | 남현희 역 |

독서에 대한 정조의 마음가짐, 열정 등을 볼 수 있는 책이다. 좋은 책은 읽는 데에만 그치지 않고 습관이 될 때까지 곁에 두고 반복해서 읽어야 한다는 것을 배웠다. 정조가 책에 관해 신하들과 토론하는 모습을 보며 책을 가볍게 여기던 것을 반성했다. 단지 취미나 여행으로 읽는 독서가 아닌 책을 읽고 변화하는 사람들의 마음가짐을 경험했다.

| 논어 | 김형찬 역 |

"《논어》를 읽고 변하지 않으면 그것은 《논어》를 읽은 것이 아니다"라는 문구를 보고 100번 읽기에 도전했다. 세종이나 정조가 스스로 익힐 때까지 반

복해서 읽은 책이 《논어》라는 것을 알고, 나 역시 《논어》를 삶으로 옮겨오기 위해 반복해서 읽었다. 처음에는 명언집 같고 재미도 없어서 관련 서적 40여 권을 읽었으며, 요즘도 매일 몇 구절씩 필사를 하고 있다.

| 백악관을 기도실로 만든 대통령 링컨 | 전광 |

이 책으로 링컨이 미국 역사상 가장 훌륭한 대통령 중 한 명으로 존경받는 이유를 알게 됐다. 링컨은 엄청난 희생과 노력으로 미국을 하나로 만들었으며, 적의 장군조차도 수용하는 포용력을 보여줬다. 권위를 앞세우지 않은 진정한 리더의 역할에 대해 깨달음을 얻었다.

| 정관정요 | 김원중 역 |

오긍이 지은 군신지도와 치세술의 경전, 덕치의 모범을 보여준 책이다. 두껍지만 하루 만에 다 읽을 정도로 재미있었다. 신하들과의 문답 형식으로 이루어져 있는데, 올바른 정치를 꿈꾸는 당 태종의 끊임없는 노력을 엿볼 수 있었다. "물은 배를 띄울 수도 있지만 뒤집을 수도 있다"는 글귀를 보며 옳은 리더십에 대해 다시금 생각해보는 시간이 되었다.

| 세종실록 밖으로 행차하다 | 박현모 |

9명의 인물이 세종대왕의 모습을 이야기한 책이다. 세종대왕이 왜 성군이고 위대한 왕인지 알 수 있다. 세종의 애민정신을 기반으로 한 정치적 노력을 보며 과연 나는 어떻게 살 것인지에 대한 생각을 하게 됐다.

⟫ 이제 실행력이 필요할 때 ⟪

어떤 목표를 달성하려고 할 때 가장 어려운 것은 무엇일까. 바로 실행이다. 지식이나 정보의 부족보다 차일피일 실행을 미루는 게 일을 그르친다. 독서도 마찬가지다. 아무리 절실한 동기와 올바른 태도를 갖췄다고 해도 책 읽기를 꾸준히 하지 않으면 무슨 소용이 있겠는가. 독서를 통해 삶의 변화가 필요하다는 깨달음을 얻었더라도 실행력이 없으면 공허한 구호에 그칠 뿐이다.

나도 책 읽는 습관을 들이기 위해 무던히 노력했다. 실제로 변화를 이루고 그 성취감을 맛보고 싶었다. 그래서 늘 책을 들고 다녔는데 언제부턴가 별별 소리를 다 듣게 됐다. 개중에는 은근히 나를 비꼬는 비아냥거림도 적지 않았다. 특히 책과 담쌓고 지내는 사람들은 노골적으로 편잔을 주었다.

"책만 읽으면 뭐해? 밥이 나와, 돈이 생겨?"

"딱히 나아지는 것도 안 보이는데. 젠체하는 거지, 뭐."

"공부를 진작 그렇게 했어봐. 지금 저러고 살겠냐."

"회식도 잘 안 가. 지독한 놈."

책 읽기를 시작하고 사람이 바뀌니 온갖 말들이 난무했다. 씁쓸했다. 한편으로는 내가 그동안 얼마나 한심하게 살았으면 저럴까 싶었다. 그러나 어쩔 수 없었다. 오롯이 감수해야 했다. 나는 절실했다. 되는 대로 살아가고 싶어도 평범하게 살아지지가 않았다. 불안한 삶의 연속이었다. 앞으로 어떻게 해야 할지, 당장 가족을 위해 내가 무슨 일을 할 수 있을지 늘 걱정이었다. 어영부영 살아선 안 되었다. 책은 나에게 교양 쌓는 차원이 될 수 없었다. 책은 희망으로 가는 유일한 통로였다.

'처음에만 저러다 말겠지' 하던 사람들도 내가 '1일 1권' 독서 습관을 지키자 조금씩 바뀌어갔다.

"아니, 어떻게 하루에 한 권을 다 읽을 수가 있어? 그냥 막 넘기는 거 아냐? 아니면 속독이라도 배운 거야?"

"속독을 배운 적은 없어요. 그냥 짬짬이 읽으니 되던걸요. 한번 해보세요."

"대단하네, 대단해."

어느덧 나는 독서를 권하기 시작했다. 하지만 내 말을 듣고 선뜻 책을 손에 드는 사람은 거의 없었다.

그러다 나를 자극하는 한 사람을 알게 됐다. 공무원으로 일하며 아이 둘을 키우는 워킹맘이었는데 실제로 1년간 365권을 읽었다고 했다. 나도 아이를 키우지만, 엄마가 육아를 하면서 자기 자신을 위해 책까지 읽는다는 건 현실적으로 매우 어렵다. 게다가 많은 시간을 직장에서 보내면서 하루 한 권이라는 약속을 지키는 건 사실상 불가능에 가깝다. 부부가 서로 출근을 챙기고, 아이를 맡기고, 아침부터 저녁까지 회사에서 일하고, 퇴근하면 다시 아이를 데려오고, 남은 가사까지 돌봐야 하는 일상의 반복. 상상만으로도 이미 지친다. 편히 잠잘 수나 있으면 다행이다 싶다.

그 와중에 책도 읽으려면 일과를 시간이 아니라 분으로 쪼개야 가능했을 것이다. 잠시잠깐 방심했다가는 번개처럼 지나가버리는 게 시간인지라 집중하지 않고서는 지키기 힘들다. 하루 한 권은커녕 책을 펼치는 것조차 쉽지 않을 테니 말이다. 그는 직장과 육아를 함께 해야 하는 상황임에도 기어이 자신의 목표를 달성했다.

나는 1년 365권이라는 거대한 숫자보다 그의 강한 실행력에 적잖이 감명을 받았다. 육체적으로 피곤할 때도 많았을 것이고, 직장이나 육아 때문에 스트레스를 받아 만사가 귀찮아질 때도 있었을 것이다. 그러나 그는 포기하지 않았다.

나에게 동기부여가 되기에 충분했다. 나도 하루 동안 한 권을 읽지 못하면 잠자리에 들지 않겠노라고 굳은 결심을 했다. 잠이 올라치면 방 안을 걸으면서 책을 읽을 정도로 독서에 매달렸다. 독서에 뜻을 둔 동행자가 있다는 사실이 큰 힘이 됐고 의지가 됐다.

하루도 빠지지 않고 일과 독서를 함께하는 생활이 지속되는 동안, 나는 중요한 사실을 간과하고 있었다. 독서는 늘 책을 곁에 두고 자연스럽게 보는 게 중요하다는 사실 말이다. 어느 순간 나는 하루 한 권이라는 목표에 지나치게 매달리고 있었다. 그리고 독서가 즐거운 것이라는 생각보다, 미룬 숙제를 하루하루 빨리 끝내야 한다는 강박으로 다가오기 시작했다. 그즈음 과감히 하루 한 권이라는 목표를 포기했다.

"하루 한 권을 볼 수 있으면 가장 좋지. 한 권을 다 읽고 생각하는 시간도 가진다면 금상첨화야. 그런데 직장 생활을 하면서 책을 매일 한 권씩 읽고 생각까지 한다는 게 쉽지 않아. 중요한 것은 하루에 한 권씩 읽는 행위 자체가 아니야. 그보다 하루도 거르지 않고 책을 보고 있느냐가 더 중요하지."

작가님의 조언은 초반에 막 불타오르다가 금방 열의가 식어버리는 독서를 경계하라는 뜻이었다. 하루 한 권을 읽고 사색할 수 있는 독서 습관은 언젠가 될 텐데, 처음부터 빨리 읽어 치우려는 것은 잘못된 버릇으로 굳어질 수 있다는 것이었다.

"그리고 최배달 알지? 왜 있잖아, 격투의 달인 최배달. 무술인 말이야."

"아, 〈넘버 3〉요?"

나는 뜬금없이 작가님이 왜 그 이야기를 꺼내는가 싶었다. 설마 영화에서 배우 송강호가 했던 유명한 대사, "최영의라는 분이 계셨어. 맨손으로 황소 뿔을 꺾으신……"을 읊으려는가 싶어 혼자 실없이 웃었다. 작가님이 영문을 모르겠다는 듯 바라봤다.

"아, 죄송합니다. 갑자기 영화 생각이 나서."

"그래. 영화에 그 이름이 나왔지. 최배달이 황소 뿔을 부러뜨린 건 무수한 반복 훈련으로 주먹을 단련했기 때문이야."

결국 하루 한 권을 채우기보다 제대로 한 권을 읽고 또 읽는 게 중요하다는 이야기였다. 나는 의도를 알아차리고 고개를 끄덕였다. 빨리 읽는 것보다 책의 맥락을 이해하고 성찰할 수 있는 시간이 더 필요했다. 하루 한 권을 보더라도 성찰의 시간을 가지지 못했다면 성공한 독서라고 볼 수 없었다.

독서는 만만하게 볼 게 아니다. 대체로 사람들은 독서가 좋고 또 중요한 것이라고 인정한다. 책을 읽어야 한다는 마음은 모두 가지고 있다. 그리고 책장을 넘기는 게 뭐 그리 힘들겠느냐고 생각한다. 하지만 그렇게 말하고 생각하는 사람들 중에 단 한 장이라도 매일매일 넘기는 사람은 많지 않다.

일과 병행하는 독서가 힘들었지만, 하루 한 권을 읽는 것이 불가능하지만은 않다는 것을 경험한 게 그래도 성과였다. 이제 올바른 독서습관을 유지하기 위해 현실적으로 실행 가능한 일정을 짰다. 평일에는 사흘에 한 권 정도 읽고 생각하는 시간을 지켜나갔다. 모처럼 쉬는 날에는 하루 한 권을 다 보기도 했다.

실행에 옮기기란 지난한 과정일 수 있지만 한번 시작하면 성장을 위한 훈련이 즐거워진다.

⫸ 이지성 작가의 멘토링 ⫷

▶ 당장 책을 읽어라. 독서도 실행력을 갖추지 못하면 꾸준할 수 없다.

▶ 속독을 독서의 강한 실행력이라 착각하지 마라. 독서의 실행력은 꾸준한 습관을 뜻한다.

▶ 너무 급하게 성장하려고 서둘러선 안 된다. 독서를 통한 성장도 인내의 시간과 꾸준한 실행이 필요하다.

▶ 격투의 달인 최배달도 주먹을 단련하기 위해 같은 동작을 무수히 반복한다. 독서도 만찬가지다. 여러 번 읽고 또 읽어라.

이때 나는 독서를 통해 배움의 과정을 넓히는 중이었다. 성공한 인물들을 만나는 것에 주저하지 않으면서 부쩍 성장하고 있다는 걸 대견하게 여길 즈음이었다. 그렇게 그들이 가진 삶의 철학이나 태도, 열정을 실제로 만나서 들어보니 책을 읽는 것만큼이나 의미가 컸다.

다행히도 내가 만난 사람들은 대부분 겸손했다. 책에서 비롯된 모습을 그대로 보여주었다.

산악인 엄홍길의 《꿈을 향해 거침없이 도전하라》를 보면 묵묵히 자신의 길을 걷는 모습을 보여준다. 그 책에서 나는 자신의 한계에 거침없이 도전하면서도 한편으로 겸손한 그의 태도에 감동을 받았다. 차근차근 발걸음을 내딛는 모습이 요란하지 않지만 묵직한 실행력의 가치를 느끼게 해주었다.

물론 책과 정반대인 사람도 있었다. 우연히 자기계발 분야에서 유명한 저자를 만난 적이 있었다. 그는 자신의 사업을 성공적으로 일군 사업가이기도 했다. 여러 번 언론에서 다뤄지며 많은 젊은이들이 롤모델로 삼고 싶다는 분이었다. 그런 사람을 직접 만난다면 나로서도 상당한 도움이 되리라고 생각했다. 그러나 널리 알려진 명성과는 다른 실제 모습에 적잖이 충격을 받았다.

책에서 그 역시 실행력을 상당히 강조했다. 그리고 열정으로 도전하는 자세를 매우 높게 평가했다. 자기계발에서 이 두 가지는 핵심적으로 다뤄지는 가치이기도 하다. 또 하나, 그는 자신의 성공 비결이 자기 관리가 철저했기 때문이라고 고백했다. 자기 관리가 철저하다는 것은 자신과의 약속을 잘 지키고, 자신을 엄격하게 통제하면서 타인에게 피해를 끼치거나 타인을 이기적으로 이용하지 않는 것이어야 한다.

하지만 확신에 찬 자기 관리와 열정, 그리고 강한 실행력은 현실에서 전혀 다른 모습으로 나타났다. 그의 책을 보고 찾아온 젊은이들에게 이중적인 잣대를 들이대는 것을 보고 나는 크게 당황하고 말았다.

"열심히 하고 있지? 그럼 얼마나 열심히 하는지 볼까?"

그는 자신의 책을 팔도록 했다. 한두 권을 사는 문제가 아니었다. 마치 다단계처럼 100권씩 개인에게 할당하고 강매했다. 그를 멘토로 생각하는 젊은이들은 책을 많이 팔수록 열정이 높고, 실행력이 뛰어난 것으로 착각할 수밖에 없었다. 거기서 끝났다면 차라리 다행이었다. 그는 자신의 가게에서 잡일을 시키기도 했다. 그 광경을 지켜본 나는 어이가 없었다.

실행력은 무작정 일을 벌이는 것을 뜻하지 않는다. 더군다나 다른 사람에게 피해를 끼치는 실행력은 탐욕을 부리는 것과 다를 게 없다. 남에게 보여주기 위해 책을 쓰고 성공을 부풀리는 것은 자신의 야심을 채우는 데에만 급급한 것이다. 이런 실행력이 과연 어떤 감동을 줄 수 있을까. 자칫 그릇된 열정과 실행력을 배우지 않을지 걱정이 들 정도였다.

그의 말로末路는 아름답지 않았다. 몇 년이 지난 후 곳곳에서 그에게 실망했다는 이야기가 들려왔고 온라인에서도 한동안 공분이 일었다.

독서를 통한 진정한 실행력은 개인의 이익에서 그치는 것이 아니라 모두를 위한 행동으로 나타나야 한다. 모나지 않게 자기 목표를 위해 움직이고, 티나지 않게 일상의 습관으로 드러나야 한다. 굳이 실행력이라 부를 필요도 없이 독서는 자연스러운 모습이어야 한다. 그래야 오랫동안, 아니 평생을 책 읽는 일상으로 지낼 수 있을 테니 말이다.

⊰ 실천의 중요성 ⊱

한때 강박에 사로잡혀 매일 한 권씩 읽어야만 하는 줄 알았다. 성
공한 저자들처럼 똑같이 실행해야 꿈이 이뤄질 줄 알았다. 아니
었다. 이제 막 사랑에 빠진 책이라도 지겨워지는 것은 한순간이
다. 눈앞의 성장을 위해 급하게 서두를 필요 없다. 중요한 것은
'많이'가 아니라 '꾸준히'다.

| 바람의 파이터 1~10 | **방학기** |

최배달을 주인공으로 한 만화책이다. 주먹을 단련하려고 수백 번 같은 동작
을 반복하며 스스로와의 싸움을 이겨낸 과정을 잘 묘사했다. 눈썹을 밀며 결
연히 다짐하는 장면 속에서 성공에 대한 의지를 엿볼 수 있었다.

| 역도산 승부사의 노래 1~10 | **방학기** |

제2차 세계대전에서 패망한 일본에 두 명의 영웅이 등장한다. 최배달과 역
도산이다. 이 책은 역도산의 만화다. 둘 다 한국인으로 차별과 편견이 심한
일본에서 어떻게 성공했는지를 볼 수 있었다.

| 오사카 상인들 | **홍하상** |

일본의 장인 정신을 가장 잘 보여주는 책이라 할 수 있다. 규모의 성장보다 스스로의 자존심을 걸고, 장사의 품격이나 질에 대한 경쟁력을 지키려는 모습에서 진정한 성공의 모습을 찾았다.

| 정상에서 만납시다 | **지그 지글러** |

세일즈맨에서 강연가로 성공한 저자의 노력을 담은 책이다. 한 분야에서 성공하기 위해 어떤 과정이 요구되는지 볼 수 있다.

| 보험왕 토니 고든의 세일즈 노트 | **토니 고든** |

저자는 어렵다는 보험 세일즈 분야에서 성공한 사람이다. 지금도 현업에서 높은 실적을 내며 강연도 하는 자신의 성공 비결을 일기처럼 써놓았다. 구체적인 사례가 많아 세일즈를 준비하거나 이미 하는 사람에게 많은 도움이 될 것이다.

| 꿈을 향해 거침없이 도전하라 | **엄홍길** |

이 책을 읽고 나서 엄홍길의 책은 다 찾아 읽었다. 인간의 한계에 도전하는 모습을 보며 나 역시 못할 일이 없다는 각오를 다졌다. 진정한 용기란 무엇인지, 또 꿈에 대한 열정으로 어떻게 도전할 수 있는지를 생각하게 하는 책이었다.

| 빌 게이츠@생각의 속도 | **빌 게이츠** |

빌 게이츠는 어렸을 때 도서관에서 책을 많이 읽은 일화로도 유명하다. '독서가 삶에 미치는 영향'이 어떠한지를 새삼 느끼게 해줬다. 커서는 재단을 세워 사회에 선한 영향력을 행사하는 것을 보며 삶의 롤 모델로 삼게 되었다.

| 나폴레옹 1~5 | **막스 갈로** |

언젠가 나폴레옹이 《손자병법》을 읽었다는 이야기를 듣고 관심을 가지게 됐다. "불가능은 없다"는 그의 명언을 떠올리며 도전 정신의 시작은 어디서부터인지, 또 왜 그렇게 목숨을 아끼지 않고 도전했는지를 알게 됐다.

| 마법의 5년 | **문준호** |

사업을 위해 독서와 강의에 얼마나 열정을 쏟아부었는지 알 수 있었다. 직접 만나 인터뷰까지 했던 저자로, 또 한 번 스스로를 반성하는 계기가 됐다.

PART 2

습관

—

차근차근
진심 독서의 첫걸음

일과를 시작하기 전, 책을 읽고 사색하며 하루를 시작하고 또 책을 읽고 사색하며 하루를 마감하는 일상
은 절로 성찰의 기회를 가지게 해주었다. 그 성찰은 삶에 대한 반성과 일에 대한 냉철한 분석으로 이어
졌다. 그러나 여전히 나는 독서의 참 의미를 몰랐다. 책을 많이 읽는다는 것에 은근히 자존심을 세우고
있었다. 내가 갖춰야 할 것은 자존심이 아니라 자존감이었다.

남을 아는 사람은 지혜롭다.
그러나 스스로를 아는 사람이야말로 밝은 것이다.
남을 이기는 사람은 힘이 세다.
그러나 스스로를 이기는 사람이야말로 강한 것이다.

《도덕경》, 노자

⊰ 책으로 여는 아침 ⊱

실천이 중요하다는 것을 깨달은 뒤, 나는 매일 책을 붙잡고 지내려고 노력했다. 틈만 나면 책을 읽으려고 늘 곁에 뒀다. 바쁜 와중에도 책을 읽겠다고 생각하는 게 스스로 대견스러웠다. 그렇다고 매일 읽는 게 습관으로 완벽하게 자리 잡았다고는 볼 수 없었다. 무엇보다 독서가 일상이라기보다 숙제처럼 느껴졌기 때문이다. 독서가 부담스러운 의무가 아니라 자연스러운 과정이어야 한다는 것은 이후 딸과의 여행을 통해서 깊이 알게 되었다.

"아빠, 저곳에 누가 살았다고?"

"정약용 선생님이라고 들어봤지? 그분이 어릴 때 살던 집이야."

경기도 남양주에 가면 다산의 생가를 볼 수 있다. 그날은 딸아이와 함께 차분한 분위기의 마을을 둘러보았다. 아이는 학교에서 배운 대로 거중기를 만들어서 수원성을 만드는 데 큰 보탬이 된 인물쯤으로 정약용을 알고 있었다. 하지만 나는 스물셋의 어린 나이로 정조 앞에서 《중용》에 대해 논하는 모습이 먼저 상상됐다.

조선 시대 유학을 공부하는 서생들은 일찍부터 《사서삼경》을 떼니 《중용》을 읽은 선비가 한둘이 아니었을 테다. 정약용은 평생을 책을 읽고 책을 쓰는 데 보냈으니 선비 중의 선비라 할 수 있다.

아이와 함께 생가를 거니는 동안 나는 신기하게도 관광지에 왔다는 생각이 들지 않았다. 여행은 또 다른 독서라더니 그 말이 딱 맞았다. 맑은 정신을 유지하면서 책을 읽고 글을 썼을 다산 선생을 떠올렸다. 과골삼천踝骨三穿, 복사뼈에 세 번이나 구멍이 날 정도로 몰입했던 정약용의 치열함과 집중력이 경이롭게 느껴질 정도였다.

독서를 생활의 중심으로 삼고 나서야 선비들의 독서 생활이 궁금해졌다. 전주에 있는 한옥 마을을 찾아갔을 때도 마찬가지였다. 그사이를 오가며 정취에 빠져 있다가 문득 방 안에 앉아 덥든 춥든 개의치 않고 꼿꼿이 정자세로 책을 읽었을 선비들의 모습이 떠올랐다. 몇 해 전만 해도 아예 상상하지 않았던 모습이다. 아니, 생각만 해도 답답하다고 여겼다. 하루 종일 책을 끼고 사는 게 뭐가 그리 좋을지 이해하지 못했다. 과연 그들은 유학자라는 이유만으로 그저 책을 벗 삼아 지냈던 것일까.

밥벌이를 하면서 옛사람들처럼 하루 종일 책을 읽고 진리를 탐구할 수는 없다. 그래도 하루 중 단 몇 시간은 읽을 수 있지 않을까 하는 생각이 얼핏 들었다. 일과를 시작하기 전, 고요한 새벽녘 무렵에 30분이라도 똑바로 앉아 책을 볼 수 있다면 좋을 것 같았다. 뭐 그렇게까지 하느냐고 할 수 있다. 어쩌면 겉멋이라고 할 수도 있다. 그렇지만 괜찮았다. 누구에게도 방해받지 않는 이른 시간, 하루 24시간 중에 온전히 나 혼자만의 시간을 가질 수 있는 그때에 내 마음을 정돈하고 책을 읽겠다는데 무슨 상관인가.

나는 정조와 여러 학자들의 독서법에 관련된 책을 찾았다. 지식을 좇는 독서에서 벗어나 그들의 독서 인생을 조금이라도 더 이해하고 싶었다. 그 후 이지성 작가님에게 세종과 정조의 독서 생활에 대해 들어볼 수 있었다.

"고대 중국 시대는 아직 종이가 발명되기 전이라 당시 사람들은 대나무를 가공해서 만든 '죽간'에 글을 써서 책을 만들었어. 그런데 한 권의 책이 만들어지려면 죽간이 많이 필요했겠지. 그 죽간들을 묶을 가죽끈도 필요했을 거야. 위편삼절韋編三絶이라는 말이 있어. 공자가 가죽끈이 세 번이나 끊어질 정도로 《주역》을 애독했다는 일화에서 유래했지. 그런데 가죽끈이 끊어질 정도면 몇 번을 읽어야 하는지 알아?"

"글쎄요. 한 백 번 정도 읽으면……."

"일만 번은 읽어야 한다고 해. 실제로 세종대왕이 일만 번 넘게 읽어서 가죽끈이 끊어졌다는 기록이 전해오고 있어."

세종이나 정조는 요즘 말로 워크홀릭에 가까운 왕들이었다. 만약 당시에 근로기준법이 있었다면 아무리 위대한 업적이 많다 해도 강도 높은 근무 환경을 조장하는 것 때문에 논란이 되고도 남았을 것이다. 다독하기로도 유명했다. 세종이 얼마나 책을 읽었느냐면 생전에 지독한 눈병에 시달려 괴로울 때도 책을 손에서 놓지 않아 왕의 건강을 걱정한 신하들이 책을 숨길 정도였다고 한다. 비단 왕만 책 읽기에 미친 게 아니었다. 세종 때의 정승인 황희만 해도 인문고전이라할 수 있는 책을 만 번 이상 읽었다고 하니 군신君臣이 모두 책에 목숨을 건 사람들이었다.

그만큼 정사에 몰두하면서 온갖 책을 읽는 것도 모자라 책을 묶은 끈이 다 떨어질 때까지 봤다는 게 언뜻 믿기지 않았다.

솔직히 이야기를 듣자마자 질렸다. 괜히 들었나 싶었다. 만 번씩 읽는다는 것은 평범한 사람이 결코 할 수 있는 수준이 아니었다. 예전부터 읽고 또 읽는 독서를 강조한 작가님이지만 정말 그게 실천 가능한지가 궁금해졌다.

"그런데 작가님도 그렇게 읽으세요? 책 한 권을 만 번씩 말이에요."

작가님은 대답 대신 씩 웃었다. 저 웃음의 의미는 뭘까. 당연한 게 아니냐는 뜻일까, 아니면 그건 역사에 지나지 않는다는 뜻일까.

"책을 만 번 읽을 수 있다면 얼마나 좋겠어. 그런데 만 번의 의미가 고작 독서의 횟수에 불과하다고 여기면, 이 또한 본질을 잘못 이해한 것이 아닐까?"

"잘못 이해하다니요? 그만큼 읽으라는 이야기 아닌가요?"

"그래. 가급적 많이 읽으라는 것이지. 그런데 많이 읽는다는 것의 의미가 단순히 독서량 같은 수치로 그치는 건 아닐 거야. 책을 통째로 외우려고만 했을까? 신하들과 경연經筵을 하면서 고전의 문구를 이야기할 때도 단순히 외웠기 때문에 가능했다고 생각해?"

결국 내용을 이해하고 적용할 줄 알아야 한다는 뜻이었다. 책에서 말하고자 하는 것이 무엇인지 제대로 이해하려면 한두 번 읽는 것으로는 부족하다고 덧붙였다.

"작가의 의중을 한 번에 상세하게 알 수 있을까?"

"힘들겠죠. 《논어》를 몇 번이나 봐도 아직 이해하지 못하는 게 많은데……."

"그래. 많이 읽는다는 것은 그 의미를 알기 위한 치열한 과정을 거친다는 뜻이지. 이해가 될 때까지 그 책을 손에서 내려놓지 않는 게 중요한 거야. 한 번 읽고도 책의 의미를 꿰뚫어본다면야 좋겠지. 그런데 그런 사람이 얼마나 될까?"

마치 훈장이라도 단 것처럼 이 책 저 책 많이 읽어봤다고 자랑할 게 아니었다. 정조는 "만 줄의 글을 열 번 읽는 것은 열 줄의 글을 만

번 읽는 것보다 못한 법이다"라고 했다. 즉 한 권을 읽었어도 어떤 의미로 그 책을 해석하고 적용하는지가 더 중요했다. 문제는 책을 읽을 수 있는 여건이었다. 쉬는 시간에, 혹은 이동할 때 공간에 구애받지 않고 조금씩 읽는 것만으로는 작가님이 말한 독서를 할 수 없었다. 제대로 알려면 무엇보다 독서를 할 수 있는 시간이 확보돼야 했다. 되도록 혼자 조용히 읽고 사색하는 시간이 필요했다.

곰곰이 생각해보니 그 시간은 이른 아침과 늦은 밤이다. 이때를 독서와 사색을 하는 시간으로 정해 하루를 보내기로 했다.

※ **이지성** 작가의 **멘토링** ※

▶ 독서는 매일 이루어지는 습관이다. 습관적으로 책을 읽고 성찰하는 사람들의 심리를 이해할 수 있어야 한다.
▶ 세종과 정조, 그리고 황희는 왜 그토록 손에서 책을 떼지 않았는지 생각해보자.
▶ 독서로 하루를 관리한다면, 사색과 성찰의 시간을 가지는 게 좋다. 혼자만의 시공간을 가질 수 있도록 한다.

책을 많이 읽는 것도 중요하지만, 읽은 만큼이나 이해의 폭이 깊어지고 넓어져야 했다. 어쩌면 책 읽기는 고단한 작업이었다. 갈수록 책 읽기가 취미의 영역을 넘어서고 있었다. 책 읽기는 단순히 취미가 될 수 없었다. 하루하루 어떻게 살아야 할지를 고민하는 생존의 문제

였다. 책을 어떻게 읽을 것인지에 대한 고민이 나날이 커져갈 수밖에 없었다.

"그렇게 책을 읽으려면 하루를 어떻게 보내야 할까? 무작정 온종일 책만 붙잡을 수는 없는 노릇이잖아."

"그건 그렇죠."

"어떻게 하는 게 좋을까?"

또 깨달음을 독촉하는 질문이 이어졌다. 작가님과 이야기하다 보면 스스로 생각하고 깨우치는 시간이 꼭 있었다. 이런 질문과 대답이야말로 진정한 독서로 가는 과정이 아닐까 생각했다.

"우선 독서는 고상한 취미가 아니라 치열한 생존 행위인 것 같아요. 독서를 통해 성장한 사람들은 책에 대한 열정이 남다르잖아요. 눈으로만 책을 읽는 게 아니라는 것을 알게 되니 반성할 수밖에요."

이제 책을 읽고 있다는 것만으로 칭찬을 듣는다는 게 얼마나 계면쩍은 일인지 알게 되었다. 아직까지 심독心讀, 즉 마음으로 책을 읽지 않고 눈으로 보는 수준에서 머물고 있었다. 진짜 독서가 무엇인지를 깨달았다는 것은 지금부터 나도 생존을 위한 독서를 시작한다는 의미였다. 생존을 위한 독서는 어쩌다 책을 읽는 것과는 달라야만 했다. 정민의 《다산선생 지식경영법》은 내가 책을 읽으면서 무엇을 해야 하는지에 대해 분명하게 제시해주었다. 정약용이 독서를 통해 다양한 실용적인 지식을 만들어내듯이 나 또한 그래야만 했다.

선인들의 독서는 생존의 과정이자 진리를 탐구하는 치열한 고민이었다. 존경심과 함께 은근히 도전의식이 생기기 시작했다.

'나도 해보자!'

마음가짐만으로는 부족했다. 백 번 천 번 보는 독서는 하루 종일 책상 앞에 정좌를 하고 있어야 했다. 그러나 나는 생업이 있지 않은가. 하루 관리를 좀 더 철저하게 세부적으로 고민해야 했다. 자투리 시간의 활용뿐만 아니라 하루의 시작과 끝을 반드시 독서로 하겠다는 결심도 다시 굳건히 세웠다. 실천이 중요했다. 처음과 마지막을 생존에 대한 고민, 나에 대한 고민으로 채우려고 했다.

한때는 아침에 일어나자마자 찾는 게 담배였다. 잠이 덜 깬 상태에서 베란다로 나가 쓰린 속을 달래며 담배를 피우면서 허공을 바라보다, 겨우 밥 한 술 뜨고 집을 나섰다. 하루의 마지막도 역시 담배였다. 종일 피곤했던 심신을 달랜답시고 담배를 꺼내 물었다. 별생각 없이 습관적으로 담배를 피워댔다. 끊지 못하고 매일 똑같은 짓을 반복하는 게 스스로 한심할 때도 있었다. 하지만 그렇게 해야 스트레스가 풀리는 것 같았고 그렇게 믿었다.

책을 접하고는 달라졌다. 독하게 마음부터 먹었다. 하지만 처음에는 새로운 습관에 적응하느라 적잖이 애를 먹었다. 아침에 일어나 책을 드는 것까지는 어떻게 가능했다. 하지만 멍한 머리로 책을 붙잡고 읽어봐야 눈에 들어오는 것은 거의 없었다. 읽어도 읽는 게 아니었다. 책장을 넘겨버리면 바로 앞에 읽은 것도 생각나지 않았고 맥락을 이해하지 못해 읽은 부분을 자꾸 읽었다. 담배 대신 책을 꺼냈다는 행위 자체에만 만족할 수 없었다. 제대로 독서하고 짧게나마 생각하는 시간을 가져야 했다.

우선 정신을 맑게 하기 위해 원래보다 조금 더 일찍 일어났다. 잠자리에서 뭉그적대지 않고 바로 일어나 찬물에 세수부터 했다. 커피를 한 잔 마시며 뺨을 두드렸다. 그러고는 책을 펼쳤다. 새로운 아침을 맞이하는 기분이 나쁘지 않았다. 눈뜨자마자 담배부터 찾고 연신 하품이나 하다가 겨우 일과를 시작하던 나였는데 이제 마음가짐도 바뀐 것이다.

얼마간은 스스로가 세운 규칙대로 잘 지켜나갔다. 그러나 슬슬 핑곗거리가 생겼다. 특별히 어제보다 피곤하다거나 흐린 날씨 탓을 하며 제때 일어나는 걸 귀찮아했다. 5분만 더, 10분만 더 하며 뒤척였다. 아침잠은 쉽게 거부할 수 없는 유혹이었다. 그렇다고 다시 과거로 돌아가기는 싫었다. 또 스스로를 한심하다고 생각하고 싶지는 않았다. 그래서 어느 날은 아예 일어나자마자 곧바로 찬물을 받아두고 머리통을 푹 담근 채 잠이 깰 때까지 버틴 적도 있었다.

아침에 일어나 책을 읽기 시작하자 기대치 않았던 효과도 얻었다. 지금 손에 쥔 책은 분야나 주제와 상관없이 나의 현재와 미래를 생각하도록 이끄는 길잡이가 되어주었다. 아침에 책을 읽고 그날을 계획하고, 저녁에 책을 덮으며 하루를 되돌아보았다. 혼자 조용히 읽는 시간을 통해 자기 성찰을 했다. 독서로 하루를 시작하고 마무리하는 것은 그저 그걸로 끝이 아니었다. 이러한 습관을 유지하려면 '하루 관리'가 중요할 수밖에 없었다.

떠엄떠엄 힘들게 쓰던 독서 일지도 하루 관리를 시작한 때부터 더 이상 어렵게 여겨지지 않았다. 끙끙대며 뭔가 의미 있는 기록을 남기는 강박에서 벗어나는 게 우선이었다. 독서 일지는 방학 숙제처럼 검사를 받아야 하는 일기가 아니었다. 오로지 나를 위해 매일매일 생각하고 실천에 옮기는 일상의 흔적으로 독서 일지를 쓰기 시작했다.

하루 관리의 동력은 바로 독서였다. 그 후로 나의 하루는 독서를 중심으로 돌아가게 됐다.

∹ 이제 생존을 위한 독서다 ∹

독서는 간절함이다. 생존이다. 취미일 수가 없다. 그래서 많이 읽는 것만이 최선인 줄 알았다. 그저 되는 대로 틈틈이 읽었다. 점점 버거워졌다. 읽지 못하는 날이 생기면 스스로가 한심하게 느껴지기까지 했다. 제대로 된 관리가 필요했다. 하루를 시작하는 아침과 마무리하는 저녁에 무엇을 하면 좋을지 생각했다. 멈추지 않고 독서 습관을 유지하려면 하루 관리를 잘해야 했다.

| 세종과 재상 그들의 리더십 | 정윤재 외 |

왕과 재상의 노력을 담은 책이다. 특히 리더들의 독서 열정을 엿볼 수 있었다.

| 다산선생 지식경영법 | 정민 |

정약용의 독서 열정을 볼 수 있었고, 취미가 아닌 생존을 위한 독서가 무엇인지 생각하게 되었다. 독서법에 관련한 내용이 많고, 지식 정리를 위해 상당한 독서가 필요한 이유도 알 수 있었다. 다산이 추구한 실용 지식이 책과 사색을 기반으로 했음을 알 수 있었을 뿐만 아니라 독서 태도를 다시 다잡을 수 있었다.

| 왕의 경영 | 김준태 |

세종과 정조의 가상 대화를 색다른 시선으로 담은 책이다. 리더들이 왜 독서를 해야 하는지를 명확하게 보여주었다. 350여 년이라는 시간 차이가 있는 조선 최고의 리더들이 나누는 대화는 전혀 설정이라 여겨지지 않을 만큼 생생하고 재미가 있었다.

| 격몽 | 신용구 |

율곡 이이의 삶을 소설화한 책이다. 이이는 극심한 당쟁 속에서 신념을 지키고, 정쟁의 소용돌이 속에서도 모두에게 인정받는 정치인의 자세를 보여주었다. 이는 단지 이이의 성품에서 비롯됐다기보다 진정한 독서 공부를 통해 이뤄졌다는 사실을 알게 되었다.

| 성학집요聖學輯要 | 김태완 역 |

개인적으로 '책 중의 책'이라고 꼽는다. 당시 이이가 왕을 위해 조언한 내용을 엮어서 낸 책이다. 얼마나 많은 책을 읽고 공부를 했기에 왕에게 바치는 책이 나올 수 있었을까 생각했다.

| 동호문답東湖問答 | 안외순 역 |

문답 형식의 책으로 이이의 정치적 견해가 담겨 있다. 백성이 나라의 근본임을 뚜렷이 밝히며 올바른 정치에 대한 깊은 신념을 보여주었다.

냉정과 열정 사이에서

독서로 하루를 관리하는 일상의 가장 좋은 점은 삶의 방향을 모색하는 시간을 정기적으로 가질 수 있다는 것이다. 하루하루를 되돌아보고 미래를 고민하는 시간이 생겼다. 그런데 지나치게 삶의 변화를 기대하고 몰입한 나머지 주위에서 부담을 느낄 정도로 열정적일 때가 있었다. 성급한 모습을 보이기도 하는 것이다.

이 상황에서 전환점이 필요했다. 당시 다니던 직장에서 나는 나와 버렸다. 파견직에서 불가능하게만 보이던 정직원이 되기는 했지만 좀 더 빨리 성공하고 싶다는 생각에 조급함이 앞섰다. 차라리 아예 다른 일을 하는 게 낫겠다는 판단이 들어 이후 사업을 했지만 수차례 망했고, 결국 보험 회사에 들어가 영업 일을 했다.

영업 일을 시작한 뒤에도 나는 계속 독서로 하루를 관리해나갔다. 책을 읽는 행위가 생존을 위한 독서가 되고 스스로의 행동 지침을 만들어가는 과정이 되자 더욱 엄격한 습관으로 자리 잡게 됐다. 읽는 분야 역시 역사, 정치, 고전, 경제 등으로 넓혀갔다. 일상에서 작은 변화라도 이루기 위해 많은 노력을 기울였다.

수익만 좇는 보험 영업을 할 때 나는 이런 노력들 덕분에 버틸 수 있었다. 어떻게든 사람들을 끌어 모아 가입만 시키면 된다는 실적 위주의 생각에서 벗어나 실질적 도움을 근본적으로 생각하고 고객들에게 어떤 도움을 줄 수 있는지를 파고들었다. 항상 고객이 필요한 것이 무엇인지 검토하고 상담 후에는 경제적 플러스가 되는 상담의 기본에 충실해진 것이다.

독서를 통해 내가 달라졌다고 생각하니 스스로가 봐도 정말 뿌듯했다. 나는 그 이후로 책에 더 미친 듯이 매달리기 시작했다. 그러나 "밤새 울고 누가 죽었냐 묻는다"고 했던가. 내 독서 열정이 맹목적인 믿음으로 바뀌고 있다는 것을 그때는 잘 알지 못했다.

독서를 통해 일상이 변화한 경험을 나누고 싶었다. 늘 일에 파묻혀 하루하루 버티던 삶이 어느덧 조금씩 앞을 내다보고 있었기 때문이다. 마치 장기나 바둑을 두듯 계획한 대로 전진해나가고 있다고 자신하게 되니 나 혼자 그 희열을 느끼고 있는 게 아까웠다.

"야, 책 좀 봐. 책을 많이 봐야 세상을 알지."

주변에 책을 권했다. 스펙이니 돈이니 다 영원한 게 아니라며 특히 어린 후배들을 설득했다.

"아, 좀 그만합시다. 억지로 읽는다고 뭐가 좋아져요? 당장 코앞에 쌓인 일이 얼만데."

나도 모르게 독서를 강요하는 꼴이 되고 말았다. 이상하게 책을 읽으면 읽을수록 말도 차츰 많아졌다. 머릿속에 떠도는 말들을 하지 않고서는 견딜 수가 없었다.

"너는 이제 수다쟁이로 캐릭터를 굳힐 거냐? 뭔 말이 그리 많아?"

"아니, 그게 아니라 내가 봤을 때는 여기에 이유가 있다는 거지. 첫째……."

"또 나온다. 그놈의 첫째, 둘째 타령! 대충 좀 해라."

친구들이나 사무실 직원들은 내가 불편했는지 점점 대화를 피했다. 그때만 해도 뭐가 잘못됐는지 솔직히 알지 못했다. 조금이라도 알려주고 싶다는 진심이 공감을 얻지 못해 서운할 따름이었다. 긍정의 변화를 함께 경험해보자는 의도가 전해지지 못해 답답할 뿐이었다.

나도 모르게 우쭐한 기분이 들었던 것 같다. 작가님을 만나고 한창 책 읽기에 재미를 들였던 터라 더 그랬다. 삶을 바꾸고 싶다면서 책을 펴지도 않는 사람들이 이해되지가 않았다. 책을 보며 인생을 돌아볼 수 있었기 때문에, 그렇지 못한 경우를 보면 안타까움에 나도 모르게 조언을 한답시고 나서기도 한 것이다.

어설픈 독서 경험으로 대가인 척 굴었으니 지금 돌이켜보면 정말 낯부끄러운 일이다. 그때 나의 오만함을 본 사람이 이미 있었을지도 모르겠다.

수다쟁이라는 소리를 듣는 것은 그나마 괜찮았다. 독서를 한다는 이유로 견디기 힘든 일을 당한 적도 많았다. 은근히 일방적인 양보나 배려를 강요받기도 했다.

"너는 책도 많이 읽는다는데 왜 그 모양이야? 그래서 되겠냐?"

"뭘 그리 빡빡하게 굴어? 사람이 아량을 베풀어야지. 책 속에 그런 건 안 들어 있어?"

책을 읽는 사람은 하염없이 착한 존재여야 했다. 좋은 책을 읽고 좋은 생각을 하니 좋은 사람이 되어야 한다는 무언의 압력이었다.

틀린 말은 아니다. 독서는 마음을 닦는 효과가 있다. 그래서 많이 알면 알수록 겸허한 자세를 갖춰야 한다는 걸 자연스레 깨닫는다. 그러나 말로 권하길 좋아하고 착함을 일방적으로 강요받는다고 생각한 당시의 나는 아직 여물어지지 못한 때였다.

그러던 중 작가님을 관찰했다. 작가님도 사람을 대하면서 간혹 감정을 주체하지 못할 때가 있었다. 특히 독서와 관련해서는 일말의 타협이 없었다. 독서를 취미쯤으로 여긴다거나 어쭙잖은 독서 경험을 훈장처럼 내세우는 꼴을 그냥 지나치지 못했다.

어떤 남자가 작가님을 찾아왔을 때였다.

"작가님, 저도 제법 책 읽는다는 소리를 듣습니다. 하하!"

"그래요? 많이 읽으시나 봅니다. 얼마나 읽으시는지?"

"아무리 바빠도 한 달에 대여섯 권은 보고 있습니다."

"네? 한 달에요?"

작가님은 그의 이야기에 씁쓸한 표정을 지었다. 단순히 권수 때문이 아니었다. 매일 읽는 것을 습관화하지 않았다는 게 문제였다. 책 좀 읽는다고 자랑하던 그는 어느새 멋쩍은 얼굴이 되어 작가님의 호된 멘토링을 받았다. 그러던 어느 날이었다.

"회철아, 생각해보니 우리나라에서 책을 읽는 사람들이 참 대단한 것 같아."

"네? 그게 무슨……."

"우리나라가 책을 읽을 수 있는 환경이 아니잖아. 정치는 심히 불안정하고 경제는 나날이 나빠지고 부모들은 세계 최장 노동에 시달리고 아이들은 사교육 광풍에 휩쓸려 있고. 거리는 술집으로 가득하고 TV와 스마트폰에는 온갖 자극적인 것들이 넘쳐나고……."

"네, 맞아요."

"그래서 나는 책 읽는 사람들이 진짜 제대로 읽어야 한다고 생각해. 그래야 우리나라에 제대로 된 독서 문화가 만들어지고, 지금의 잘못된 환경이 바뀔 수 있을 테니까 말이야."

독서는 냉정과 열정을 오가는 것이다. 무턱대고 많이 읽는 데만 집착하여 일상을 무너뜨려서는 안 된다. 냉정할 필요도 있다. 그렇다고 일상을 핑계로 독서를 등한시하는 것도 주의해야 한다. 바로 열정이다. 이렇듯 반복 독서가 성찰의 과정인 것이다.

나에게 필요한 것은 냉정과 열정 사이의 균형이었다. 그때 나는 독서에 대한 타오르는 열정을 너무 급하게 밖으로 표출하려 했다. 이런 모습은 일을 할 때도 마찬가지였다. 열정적으로 덤볐다가 뜻대로 되지 않으면 포기하는 것이다. 작가님의 조언을 듣고 《우리는 기적이라 말하지 않는다》라는 책을 읽었다. 이 책은 실무적인 도움뿐만 아니라 열정과 냉정의 균형을 잘 잡을 수 있도록 마음을 다잡아주었다. 어쩌면 거절당하는 게 당연한 세일즈맨의 일상에서 기쁨과 실망을 오가는 게 얼마나 쓸데없는 감정의 소비인지 알게 됐다.

> ⫸ **이지성** 작가의 **멘토링** ⫷
>
> ▶ 독서도 꾸준한 삶의 일과다. 지나친 열정도, 금세 식어버릴 마음도 경계하라.
> ▶ 독서에도 단계가 있다. 독서를 시작하자마자 당장 큰 변화가 일어나기를 바라거나 혹은 그런 변화가 이미 이루어졌다고 착각하지 마라.
> ▶ '향유하는 독서' '지식을 얻는 독서' '삶을 변화시키는 독서' 등의 단계와 관련한 책을 읽어야 한다.

그즈음 나는 보험 일도 그만두었다. 삶을 변화시키고 싶었고, 스스

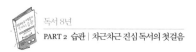

로 개척해나가고 싶었다. 독서를 통해 내 일상은 달라졌고, 이제 미래를 향해 첫걸음을 내딛고 싶었다. 나는 홀로 사업을 시작했다. 그러나 나는 여전히 기댈 곳 없는, 보잘것없는 사람이었다. 내 유일한 버팀목은 독서였다. 이지성 작가님으로부터 조언을 얻는다고 해도 나를 대신해서 작가님이 사업을 끌어가는 건 아니었다. 일을 판단하고 살림을 꾸려가는 건 오롯이 혼자만의 몫이었다. 알아야 할 것도 많았고 생각의 폭도 끊임없이 넓혀나가야 했다.

새로운 일을 시작하며 나는 독서로 제대로 삶을 변화시키겠다고 마음을 먹었다. 이때 작가님은 독서의 단계에 대해 조언해주었다.

"독서에는 세 단계가 있어. 즐거운 습관으로 향유하는 단계와 점차 지식을 체계적으로 쌓는 단계, 그리고 자신의 삶을 변화시키는 단계의 독서로 이어지는 과정이야. 희철아, 넌 지금 어느 단계에 있는 것 같아?"

"삶을 변화시키는……."

말끝을 흐렸다. 나는 정말 독서로 삶을 변화시키는 단계에 들어선 걸까. 겸손하게 정진해야 한다고 생각했는데 어느새 나는 일상의 소소한 변화를 지나치게 큰 의미로 해석하는 실수를 범하고 있었다.

독서를 습관과 변화를 위한 촉매제로 삼은 지 얼마 안 된 사람들은 종종 나와 같은 시행착오를 겪는다. 독서 토론을 하러 가보면, 이제 막 책 읽기에 흥미가 생겨 닥치는 대로 읽고 있다는 사람들을 만나곤 한다.

"책 읽는 게 정말 좋아요. 책을 읽기 시작하면서 생활도 확 바뀌었고요. 나에게 더 이상 불금은 없답니다. 느긋하게 주말의 여유를 즐기며 책을 읽어요. 하하!"

"이 책 내용, 엄청나지 않아요? 우리는 앞으로 이런 트렌드에 맞춰 살아야 해요. 그래야 뒤처지지 않을 테니까요."

자신이 방금 다 읽고 온 책 한 권으로 세상을 판단하고 삶의 방향을 결정해버린다. 더 이상의 탐구나 다른 독서도 필요 없다는 듯 절대 명제로 삼는다. 의견에 동조하지 않는 사람은 한순간에 말귀를 못 알아듣는 사람으로 몰아붙이기도 한다. 선무당이 사람 잡는 꼴이다. 문제는 이런 사람들 때문에 책을 진짜 사랑하는 사람에 대한 잘못된 편견이 생기기도 한다는 것이다.

요즘 들어 자신의 독서 열정과 성과를 지나치게 뽐내는 사람들이 많아졌다. 이 사회는 무엇을 하더라도 순위를 매겨야 하고, 자기 포장을 해야 하는가 보다. 책 몇 권 읽었다고 과시하는 게 결코 중요한 게 아니다. 물론 독서를 일상으로 받아들인 것만 해도 변화를 맞이한 것은 맞다. 시작이 반이니까. 하지만 이제 막 한 걸음 내딛은 걸로 완주를 한 것처럼 으스대선 안 된다. 지나친 열정은 때 이른 실망을 부를 뿐이다.

우리 사회의 '빨리빨리' 문화는 독서에서도 여지없이 나타난다. 연

애할 때 마음이 급한 사람은 상대의 마음을 쉽게 얻지 못한다. 사람의 마음은 오랜 시간을 공들여야 얻을 수 있다. 독서도 이와 다를 게 없다. 노력이 필요하고 익숙해질 때까지 시간을 가져야만 한다.

때론 흥분된 감정이 차분한 이성을 앞설 때가 있다. 책 한 권을 읽고 나면 미처 알지 못했던 지식이나 깨달음으로 뜨거운 마음이 마구 샘솟기 때문이다. 그렇지만 그 열정이 현실에서 내 삶을 변화시킬 수 있는 불씨가 되게 하려면 차분하게 적용할 수 있는 지혜를 발휘할 줄 알아야 한다. 이렇듯 냉정과 열정을 수없이 오가는 과정을 거쳐야 비로소 자신만의 독서 습관이 완성된다.

ꓹ 나에게 진짜 필요한 것은 ꓷ

이제 나의 독서가 어느 정도 궤도에 올랐다고 생각했다. 내가 보는 책을 모두에게 알리고 싶어졌다. 입이 근질근질했다. 그러나 그때마다 사람들은 삐딱한 시선으로 바라봤다. 이제 와 생각해보니 책을 권유하려던 내 시도가 잘못되었다. 나에게 정작 필요한 것은 다독이 아니라 냉정과 열정 사이, 겸손한 마음이었다. 서두르지 말자고 다짐했다. 서둘러서 좋은 것은 아무것도 없다고 깨닫기 시작했다.

| 우리는 기적이라 말하지 않는다 | 임재만 외 |

독서는 결코 취미가 아니라 생존의 필수 조건이라는 것을 새삼 깨닫게 해준 책이다.

| 서두칠의 지금은 전문 경영인 시대 | 서두칠 |

평소보다 조금 열심히 했다고 느끼는 것이 노력의 기준이 되어선 안 된다고 깨닫게 해준 책이다. 특히 "독서는 취미가 아닌 생활입니다"라는 일본 경영자의 이야기가 가슴 깊이 와 닿았다. 나에게 독서란 어떤 의미인지, 나는 얼마나 독서를 쉽게 생각했는지 반성했다.

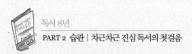

| 5백년 명문가의 자녀교육 | **최효찬** |

교육에 열정과 헌신을 바친 명문가들의 노력을 담은 책. 나 역시 자녀를 둔 아버지로서 자녀에게 어떤 교육을 할 것인가에 대한 방향성을 고민하게 되었다. 특히 주입식 교육이 아닌 인성과 생활 교육의 철학을 배울 수 있었다.

| 성공하는 기업들의 8가지 습관 | **짐 콜린스** |

향후 초일류 기업이 되기 위한 변하지 않는 핵심 이념을 기반으로 경영에 우선시되는 것들의 사례를 보여주는 책이다. "세계에 경쟁할 수 있는 일류 기업을 만들라"는 작가님의 조언과 더불어 읽게 되었으며 회사의 비전을 설정하는 데에 큰 도움이 되었다.

| 예비 기업인에게 들려주는 나의 사업 이야기 | **매일경제 여론독자부** |

사업에 성공한 분들의 노력을 볼 수 있어서 정말 큰 힘이 되었던 책이다. "알로에를 알리지 못하면 억울해서 죽지 못할 것 같다"는 문장을 읽고 나는 사업에 얼마만큼 열정을 쏟고 있는지, 또 실천하고 있는지를 깊이 반성하는 계기가 되었다.

| 갈매기의 꿈 | **리처드 바크** |

다수의 생각이 항상 옳지만은 않다는 생각을 했다. 진정한 자유는 도전하는 자의 것임을 잊지 않게 해준 소중한 책이다. 지금 당장 변화해야 하는 것에 대해 고민하기 시작했다.

⁓ 나를 세우는 자존감 수업 ⁓

책을 읽고 사색하며 하루를 시작하고, 또 책을 읽고 사색하며 하루를
마감하는 일상은 절로 성찰의 기회를 가지게 해주었다. 그 성찰은 내
삶에 대한 반성과 일에 대한 냉철한 분석으로 이어졌다. 그러나 여전
히 개선되지 않는 나만의 과제가 있었다. 성공을 꿈꾸고 누군가를 닮
으려는 생각으로 가득 찬 나를 지금 읽고 있는 책의 저자와 비교하면
서 책망하는 것이다. 나보다 뛰어난 사람들을 보니 위축되었다. 나는
과연 앞으로 쓸모 있는 사람이 될 수 있을지 자신이 없었다. 그러다
보니 처음 책을 만났을 때와 같은 기쁨은 오래가지 못했다.

"희철아, 잠시 갈 데가 있는데 같이 가자. 시간되지?"

"아, 예. 시간은 내면 되는데 무슨 일 때문에……."

"그건 만나서 이야기할게. 이따 내가 말한 곳으로 와."

간혹 작가님은 자세한 설명 없이 나를 불러내곤 했다. 그날 찾아간 곳은 비영리 재단 사무실이었다.

"어서 오세요. 반갑습니다."

"안녕하세요. 이곳에서 하는 일에 대해 듣고 찾아왔습니다. 혹시라도 제가 도울 일이 있을까요?"

구체적으로 어떤 일을 의논하러 온 것도 아니었다. 미팅 자리에 합석한 나는 꿀 먹은 벙어리처럼 그저 입을 다물고 지켜만 보고 있었다. 잠시 재단의 활동에 대해 설명을 듣고 난 뒤 작가님은 자리에서 일어났다. 그러고는 근처 은행을 찾아서 현금을 인출하더니 다시 재단 사무실로 향했다.

"왜요? 두고 온 게 있어요?"

"아, 이거 주고 오려고."

"네? 그 많은 돈을요?"

작가님은 별일 아니라는 듯 사무실 안으로 들어갔다. 이런 광경은 얼마 지나지 않아 익숙한 일상이 되었다. 주변에서 봉사나 기부 활동을 하는 비영리 단체에 대한 정보를 얻으면, 작가님은 나를 데려가곤 했다. 그리고 기부부터 하는 것으로 단체와 인연을 맺었다.

처음엔 작가님이 돈이 많아서라고 단순히 생각했다. 그래서 아무렇지 않게 돈을 쓰는 거라고 여겼다. 하지만 아니었다. 본인을 위해 쓰는 경우라고는 책을 살 때 빼고는 없었다. 오로지 기부할 때만 거침없었다.

"그렇게 마구 퍼주면 나중에 어떻게 하시려고요?"

"돈? 들어올 때가 있으면 나갈 때도 있어야지."

"제가 이래 봬도 명색이 재테크 전문가인데, 기부도 어느 정도 벌고 난 뒤에 계획에 따라 해야……."

작가님은 잠시 내 얼굴을 뚫어져라 쳐다봤다. 그리고 또다시 화두를 던졌다.

"지금까지 본 영화 중에 어떤 영화가 가장 재미있었어? 아무래도 스토리가 탄탄한 영화겠지?"

"그렇죠. 액션 영화는 볼 땐 시원하고 좋은데 보고 나면 별로 남는 게 없으니까요."

"그럼, 그런 영화들 가운데 어떤 영화가 좋았어? 반전이 있는 영화? 그런 영화는 어땠어?"

"음, 반전 영화라면 〈유주얼 서스펙트〉가 생각나네요. 아휴, 마지막은 대박이었죠."

작가님은 나를 물끄러미 바라봤다. 그제야 갑자기 영화 이야기로 넘어간 게 궁금해졌다.

"그런데 영화는 갑자기 왜……. 혹시 영화 보러 가시려고요?"

"하하. 그건 아니고. 반전에 반전이 이어지는 영화가 재미있듯이 인생에도 조금은 굴곡이 있어야 해피엔딩의 감동이 더 크게 다가오지 않을까 해서.”

이제 이야기의 주제는 인생으로 넘어갔다. 작가님은 폭발적인 성장을 위한 독서를 하려면 정말 많은 노력이 필요하다고 했다. 그 과정이 순탄치만은 않다는 것도 명심하라고 덧붙였다.

“그러나 우물 안의 개구리가 되어선 안 돼. 우물 밖의 세상으로 나가서 길을 열고 닦아야지. 치열한 노력은 물론이고 꿈을 꾸는 과정을 멈춰서도 안 되는 거야. 그런데 말이야…….”

작가님은 잠시 뜸을 들였다.

“성공한 뒤에 나누겠다는 말은 하지 마. 그건 누구나 하는 말이지. 성공하고 나서 나눔을 제대로 실천하는 사람은 별로 보지 못했어. 지금 성공한 사람들 중에서 나눔을 하는 사람들은 진즉부터 나누고 있던 사람들이야.”

돈에서 영화와 인생으로 이어지던 이야기는 다시 돈으로 돌아왔다. 얼마가 됐든 간에 지금 나눌 수 있는 사람이 나중에 성공해서도 나눌 수 있다는 뜻이었다.

“생각해봐. 대체 성공의 기준이 뭘까? 돈을 많이 버는 게 성공이라면, 얼마나 벌어야 성공이라 말할 수 있을까? 일단 10억이라고 치자. 그럼 10억만 벌면 끝일까? 아니야. 10억을 벌고 나면 사람은 100억을 향해 달려가지. 원래 그런 거야. 그렇게 달려가는 사람에게 ‘성공하고 나서'라는 건 애초에 없어. 그런데 나눔이 가능하겠어?"

　머리를 세게 맞은 기분이었다. 여전히 나는 독서의 참 의미를 몰랐다. 물론 독서를 많이 해서 부귀영화를 누리겠다는 건 아니었다.

　내가 성장하는 사람이 되어야 진정 삶이 변화된다. 그럼에도 나는 주위를 둘러보기는커녕 욕심만 부리고 있었다. 독서를 많이 한다는 것에 대해 은근히 자존심을 세우고 있었다. 내가 갖춰야 할 것은 자존심이 아니라 자존감이었다.

　인문고전을 읽으면 '나'에 대한 진지한 성찰과 세상을 바라보는 눈을 키울 수 있다. 이 과정을 통해 자존감을 확인하고, 세상을 어떻게 살아갈지를 고민하게 된다. 자존감은 나 혼자 잘났다는 것을 뜻하지 않는다. 타인보다 절대 우월함을 말하는 게 아니다. 자존감이 있는 사람은 오히려 상대방의 존재감도 존중해준다.

　작가님의 기부에 대한 철학은 자신과 타인의 자존감을 인정하는 것이었다. 지금은 비록 힘든 환경에 처해 있더라도 언젠가 자신의 가치를 발휘할 수 있는 자존감의 소유자가 되기를 바라는 것이었다. 봉사는 단지 선한 행동쯤이 아니었다. 봉사는 모두의 자존감을 높이는 행위였다.

> ▶ 독서를 통해 자신의 삶과 더불어 사회의 변화를 추구할 수 있어야 한다.
> 더불어 사는 삶에서 자신의 존재 가치를 확인하는 게 중요하다.
> ▶ 독서는 불편하고 힘겨운 과정을 이겨나가며 힘을 키우는 과정이다. 그
> 과정을 통해 자존감을 키우는 것이다.

　　작가님은 평소 자기계발과 관련된 책을 자주 권했다. 만약 작가님이 자기 자신만의 성공을 꿈꾸는 사람이었다면 그토록 바보스러운 나눔을 할 이유가 없었다. 돈을 벌면 혼자 쌓아두고 부를 과시하면 되니까. 그러나 번 돈을 주위에 나눠줄 뿐만 아니라 재능 기부도 마다하지 않았다. 더불어 사는 삶을 통해 자신의 가치를 확인하는 일이었다.

　　"자기계발서를 쓴 사람들은 대부분 자신이 겪었던 이야기를 해. 그 중에는 물론 나보다 힘든 일을 이겨낸 사람들도 있지. 그런 책을 읽으면서 점점 더 자신에 대해 믿어가게 되는 놀라운 경험을 하게 돼. 그게 자존감을 키우는 과정인 거야."

　　작가님의 말에 고개를 깊이 끄덕이며, 나는 오래전 일을 떠올렸다. 사회 초년 때에 여기저기 직장을 떠돌며 스스로를 실패자라 낙인찍은 적이 있었다. 삶을 비관하고 남들과 비교하기 바빴다. 뭘 해도 안 된다고 주눅 들던 시절이었다. 자존감이란 게 있기나 했을까. 마음은

무너질 대로 무너졌고, 이런 세상을 왜 살아야 하는지 의문만 가득했다. 지인을 통해 옷 장사를 시작하고 나서는 사기까지 당하면서 인간관계에 회의적이 되어버렸다. 사람에 대한 믿음이 바닥으로 추락하던 때였다.

'장기를 팔면 빚은 갚을 수 있지 않을까?'

화장실 벽에 붙은 장기 매매 스티커가 내 마음을 오래간 흔들었다. 평소엔 지나쳤던 것들이 또렷하게 눈에 들어왔다. 장기를 팔고 나중에 자살하겠다는 마음까지 먹게 됐다. 그만큼 상황이 절박했다. 내일이 보이지 않으니 삶에 대한 미련도 없었다. 당장 전화를 걸었다. 얼마를 줄 수 있는지부터 물었다. 그런데 통화가 길어질수록 그제야 겁이 덜컥 났다. 갑자기 실감이 나면서 우습게도 살고 싶다는 생각이 들었다. 정말 이상했다.

자존감이 떨어진다는 건 이때 처절하게 경험해봤다. 나의 존재 자체를 쓰레기보다 못하다고 여기고 하찮게 느꼈다. 목숨 하나 버리는 것쯤 아무렇지 않다고 생각했다. 그러다가 한 선배의 도움으로 겨우 상황을 벗어날 수 있었다.

하지만 여전히 독서를 쉽게 생각했던 걸까. 자존감이 얼마나 중요한지 겪었으면서도 한참을 잊고 살았다. 단지 책을 읽기만 해도 엄청난 공부와 변화를 이룬 것이라고 착각하는 사람들을 비판하곤 했다. 정작 나 자신도 그런 모습에서 크게 벗어나지 못했는데 말이다.

독서는 나를 찾고, 내 인생의 의미와 방향을 찾는 과정이다. 그렇다면 나를 좀 더 알고 삶에 대해 진지한 접근을 해야 한다. 그렇게 자존감을 키워 당당한 삶의 주체로 살면서 사람들과 함께 좀 더 나은 인생과 사회공동체를 꿈꿔야 한다.

그즈음 사업이 어느 정도 자리를 잡게 되어 나는 물질적인 기부뿐만 아니라 재능 기부도 하기 시작했다. 내가 가진 금융 정보와 지식, 그리고 올바른 재무 설계 등에 대한 강의를 했다. 독서와 관련한 강의도 조금씩 했다. 매번 '알에서 깨어난' 경험과 좌충우돌의 시간을 공유하고자 했다. 처음에는 남 앞에 서는 게 자신이 없었지만, 의외로 나의 미약한 힘이나마 도움을 필요로 하는 사람들이 있다는 것을 알게 됐다.

별안간 내 이야기를 청소년들에게도 해주고 싶다는 생각이 들었다. 내 철없던 10대 시절이 떠올랐기 때문이었다. 10대 때 나는 별다른 고민 없이, 계획 없이 희희낙락 살다가 자립할 나이가 됐을 때 많은 대가를 치러야 했다. 그렇다고 공부만 열심히 하라는 이야기를 하고 싶은 건 아니었다. 뭐가 됐든 간에 꿈과 목표를 가지고 살자는 말을 하고 싶었다. 그래서 나는 당시 알고 지내던 한 상업고등학교의 선생님을 찾았다.

"제 이야기를 학생들에게 하고 싶은데요. 아시다시피 제가 좀 힘들게 사회생활을 했잖아요. 제가 고등학교를 다닐 때 누군가 조언을 해줬더라면 정말 좋았을 텐데 하는 아쉬움이 있더라고요."

지나가다 가끔 학생들을 보면, 지난날의 후회가 물밀듯이 밀려왔다. 그저 '잘하고 있지?' 같은 점검이나 '공부 열심히 해. 학생 때가 좋은 거야' 같은 형식적인 위로보다 삶에서 우러나온 생생한 조언을 해주고 싶었다. 학생들이 적어도 절망의 나락으로 떨어지는 아픔까지는 느끼지 않았으면 하는 바람이었다.

"선생님, 강의는 반별로 따로 했으면 해요. 아무래도 한곳에 다 모아놓고 하면 학생들이 너무 많아서 집중도 안 되고 강의 효과를 제대로 기대할 수 없을 것 같아요."

뭔가를 바라고 하는 게 아니었다. 학생들 중 단 한 명이라도 내가 전달하고 싶은 메시지에 공감하기를 원했다.

"그럼 온종일 해야 할 텐데……."

"제가 그렇게 하고 싶어서요. 괜찮습니다."

나는 일일이 각 반으로 학생들을 찾아갔다. 그렇게 하는 데에 꼬박 이틀이 걸렸다.

학생들은 교사도 아닌 나의 뜬금없는 방문이 달갑지 않은 듯했다. 재미도 없는 이야기만 늘어놓을 게 뻔하지 않겠냐는 반응이었다. 그 중 한 학생이 유독 기억에 남는다. 내가 교실을 쭉 둘러보며 들어설 때부터 의자를 뒤로 한껏 뺀 채 비스듬히 기대 앉아 있던 학생이었다. 누가 봐도 성의 없는 자세였다. 알고 보니 당시 아르바이트를 하면서 월 100만 원이 훌쩍 넘는 돈을 벌고 있었다. 고등학생 신분에 나름 사회 경험을 하면서 큰돈을 벌고 있으니 이미 알 건 다 안다는 식의 표정이었던 것이다.

나는 그동안 살아온 이야기를 담담하게 풀어냈다. 자신들과 다를 바 없는 이야기에 웃기도 하고 고개를 끄덕이기도 하면서 학생들은 진지하게 들어주었다. 그러다 학창 시절을 지나 비정규직으로 불안하게 살아간 이야기, 이런저런 사업 실패로 낙망한 이야기, 사람들에게 배신당한 이야기 등으로 이어지자 교실이 조용해졌다. 관심이 없던 학생들도 졸지 않고 집중해서 들어주었다.

그리고 강의가 끝나고 난 뒤였다. 삐딱하게 앉아 마음에 들지 않는다는 표정으로 나를 바라보던 그 학생이 찾아왔다. 내심 무슨 시비라도 거는 게 아닌가 싶어 경계하는데, 내 앞에서 허리를 90도로 숙이며 꾸벅 인사를 하는 것이 아닌가. 의외였다.

"말씀 잘 들었습니다. 이제부터라도 제가 어떻게 살고 있는지 다시 생각해볼게요. 감사합니다."

학생들에게 뭔가를 가르쳐주겠다는 거창한 목적이 아니었다. 그냥 나의 이야기를 나누고 싶었다. 누군가와 이야기를 나눌 기회조차 없었던 나였기에 이렇게라도 깨닫고 조금씩 변화된다면 다행이라 여겼다. 그래서일까. 강의 내내 신경 쓰인 학생이 다가와 어쩌면 별것 아닐 수 있는 이야기에 공감했다고 말해줘서 너무나 고마웠다. 단 한 명이라도 괜찮았다. 도움이 되었다는 생각에 오히려 내가 뭉클했다.

　사무실로 돌아와 그 학교와 비슷한 환경에 있는 학교들을 검색하기 시작했다. 그리고 무작정 전화를 걸어 강의를 제안했다. 그러지 않고는 견딜 수 없었다. 다행히도 몇몇 학교에서 시간을 허락해주었고, 다시 한 번 학생들 앞에 설 수 있게 되었다.

　특성화 고등학교를 굳이 찾은 데는 그만한 이유가 있었다. 자존감의 문제였다. 입시 위주의 교육에서 상대적으로 벗어나 있는 학교의 학생들은 다소 주눅이 들어 있었다. 단순히 성적뿐만 아니라 집안 형편 역시 좋지 않아 곧바로 취업 전선에 뛰어들어야 하는 아이들도 많았다. 공부에 뜻이 없어서가 아니었다. 애초에 뜻을 세울 수 없도록 만드는 환경 탓이 컸다. 일찌감치 미래나 희망을 포기하는 경우였다. 그런 학생들에게 자존감을 키워주고 싶었다. 나의 경험을 나누고 조금이나마 희망을, 미래를, 힘을 주고 싶었다.

　자존감은 매우 중요하다. 나는 《스티브 잡스》를 읽으면서 자존감이 얼마나 중요한지를 확연히 알게 됐다. 가진 것 없는 인생으로 시작해 어떻게 반전을 이루어냈는지 볼 수 있었다. 사생아로 태어나 대학도 제대로 마치지 못한 그가 전 세계 사람들이 일거수일투족을 주목할 만큼 존재감을 드러냈다. 때로 오만과 독선의 아이콘이라 평가받을 정도로 스스로 삶과 사업을 개척한 입지전적인 인물이었다.

　나는 학생들에게 자아도취의 모습을 보여주려 한 게 아니었다. 자존심을 쓸데없이 내세우려 한 것도 아니었다. 스스로의 가치를 더 많이 높이고 더 많이 자기 자신을 사랑하길 바랐다. 나 역시 책을 읽으면서 가능해졌으니 아이들도 그러길 간절히 원했다.

자기계발서를 보는 독자들에게 날이 선 눈길을 보내는 사람들이 있다. 지나치게 성공을 강조하고 '나'부터 살자는 주의가 만연하다는 것이다. 정글 같은 경쟁 사회를 강조하며 그저 '~하라' 식의 이야기만 난무해 결국 일차원적인 따라 하기 혹은 흉내 내기만 이끌어낼 뿐이라고 비판한다. 그렇지 않다. 자기계발서의 핵심은 자존감을 일깨우는 것이다. 자신의 존재 가치를 인식하는 것이다.

독서는 성공으로 이끄는 동기를 부여한다. 스스로에 대한 냉철한 성찰을 우선하는 것이다. 독서로 스스로의 가치를 찾을 수 있어야 한다. 독서는 '나' 하나의 변화를 넘어서는, 그 어떤 꿈을 꾸는 것이다.

⸴ 삶에 대한 희망을 되찾다 ⸵

사람에게 실망하고 세상을 원망하던 때에 다시 일어설 수 있었던 것은 오로지 책 덕분이었다. 입지전적인 인물들이 집필한 자기계발서를 읽으면서 성공의 동기를 찾았다. 나도 다시 한 번 해보면 될 것 같았다. 누가 뭐라 해도 최고의 위안이 되었다. 사람들 앞에 다신 서기 싫었던 내가 독서의 효과를 깊이 체득하면서 알리고픈 생각이 마구 샘솟았다. 자존감을 되찾았다. 불안하던 마음에서 해방되었다.

다시금 희망을 꿈꾸게 하고 나를 일으켜준 핵심적인 책들이다.

| 스티브 잡스 | **월터 아이작슨**

독서를 사업에 적용시켰던 대표적인 인물이다. 그가 어떻게 인문과 기술의 조합을 이야기할 수 있었는지를 알 수 있었다.

| 존 스튜어트 밀 자서전 | **존 스튜어트 밀**

독서법 공부에 안성맞춤인 책이다. 일생을 진리 추구에 헌신한 밀의 모습을 보며 경이로움을 느꼈다.

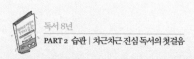

| 템플턴 플랜 | 존 템플턴 |

저자인 존 템플턴은 월스트리트의 살아 있는 전설이자 가장 많은 사람들로부터 존경받은 투자가이다. 동종 업계에서 성공한 사람들의 추천으로 이 책을 읽게 됐다. 어린 시절의 경험에서부터 금세기 최고의 주식투자가가 되기까지 그의 진솔한 이야기에 큰 감동을 받았다.

| 좋은 기업을 넘어 위대한 기업으로 | 짐 콜린스 |

경영의 바이블로 꼽히는 《좋은 기업을 넘어 위대한 기업으로》《성공하는 기업들의 8가지 습관》《위대한 기업은 다 어디로 갔을까》의 저자이다. 반짝하고 없어지는 기업이 아닌 영속되고 지속 가능한 기업을 만들고 싶다면 그의 책을 꼭 봐야 한다고 말하고 싶다.

| 발해고渤海考 | 송기호 역 |

조선 후기의 실학자 유득공은 왜 발해의 역사책을 썼을까? 그때까지 아무도 발해를 한반도의 역사에 포함시키지 않았다. 그의 '생각의 전환'으로 새로운 역사 인식의 발판이 마련됐다.

| Go, Win, Feel 워렌 버핏의 부자로 산다는 것 | 서정명 |

단순 부자, 투자에 대한 스킬보다는 삶에 대한 열정과 성찰에 대한 이야기가 더 감동적이었다. 왜 책을 읽어야 하고 또 책을 삶에 어떻게 적용시켜야 하는지 대표적인 사례를 들려주었다. 워렌 버핏 성공 이후의 삶뿐만 아니라 과정에서의 삶도 가슴에 와 닿은 책이다.

⟩ 나만의 커리큘럼을 만들다 ⟨

자신의 존재감을 일깨우는 독서가 이루어지면, 그때야 비로소 제대로 독서를 받아들일 수 있다. 독서를 통해 얻어야 하는 게 자잘한 업무 스킬의 향상이나 지식 획득에 그치지 않는다는 것을 알게 된다. 자존감을 찾는 과정과 높은 수준의 자존감을 유지하기 위한 나만의 독서 커리큘럼을 고민하는 단계가 되는 것이다.

나는 독서를 통해 자존감을 확인할 수 있었다. 독서는 어느덧 나눔과 짝을 이루는 일상이 되었고, 책을 읽는 것만큼이나 저소득층 가정을 방문하거나 아동센터에 봉사하러 가는 게 자연스러워졌다. 그때마다 작가님과 함께였다. 나는 카메라를 들고 다녔다. 뷰파인더로 바라본 그곳은 나에게 적지 않은 충격을 안겨줬다.

내가 살고 있는 서울은 화려한 빛에 가려진 또 다른 세상이 존재하는 도시였다. 어렴풋이 '쪽방'이 있다는 걸 알고 있었지만 실제로 들여다보긴 처음이었다. 솔직히 고백하자면, 신문이나 뉴스에 보도되는 관련 기사를 보고도 그대로 외면한 나였다. 그만큼 무관심했다. 그런데 직접 가서 샅샅이 보게 되니 울분이 터졌다. 자기 의지와 무관하게 살아가야 하는 고단한 삶들을 보며 분개했다. 높이 치솟은 빌딩 숲 사이로 이토록 낮은 사람들이 살고 있을 줄은 차마 몰랐다.

책 읽기도 바뀔 수밖에 없었다. 모두가 읽는 베스트셀러에는 눈길을 끊었다. 더 이상 나 혼자만의 만족을 위해 읽는 게 아니므로 책을 마음껏 보고 싶어도 보지 못하는 아이들과 함께하기로 마음먹었다.

처음에는 돈과 물품을 가지고 가서 기부하거나 잠시 아이들과 놀아주는 시간을 가졌다. 그러던 중에 좀 더 근원적인 도움을 주고 싶다는 생각이 들었다. 아이들이 자기 자신의 가치를 키워나갈 수 있도록 꾸준히 함께해주고 싶었다. 그때 작가님이 독서 모임을 제안했다.

"잘나서 나누라는 게 아니야. 남보다 조금이라도 더 알고 있고, 또 가진 게 있으면 주저하지 않고 나눌 수 있어야 해. 그게 습관이 돼야 진정한 독서를 한다고 볼 수 있지. 그러니 이제부터는 너도 따로 모임을 만들어서 아낌없이 나눠줘."

처음에는 당혹스러웠다. 나는 가진 게 별로 없었다. 나눌 만한 건 더더욱 없었다. 머릿속에 아는 것도 그리 많지 않았다. 그런 내가 과연 잘할 수 있을까, 부담스럽고 긴장됐다. 그러다 결국 일을 저질렀다. 함께 기부하러 간 봉사자들과 아이들을 모아 인문고전을 읽고 토론하는 모임을 시작한 것이다.

첫 번째 책은 《논어》였다. 내가 《논어》에 대해 뭔가를 가르친다는 생각은 하지 않았다. 그저 《논어》를 읽으면서 각자의 느낀 점과 생각을 주고받는 것으로도 충분하다고 생각했다.

그러나 처음부터 고전이라 봉사자들과 아이들이 어려움을 호소했다. 아이들이 책 읽기를 낯설어했을 뿐만 아니라 아이들의 입장에서는 《논어》의 내용에 공감하기가 어려운 부분도 있었다. 결국 공감대가 없으니 진행이 수월치 않았다. 지레 겁먹곤 책을 읽지 않으려 하는 아이도 있었고 토론을 하려고 하면 다들 우물쭈물했다. 그러니 모임 내내 집중력이 떨어질 수밖에 없었다. 어쩌다 이야기가 잘된다 싶으면 이내 아이들끼리 네가 잘났네, 아니네 말싸움이 나서 심지어 주먹질까지 하는 경우도 있었다. 애써 아이들을 달래고 집에 돌아와 곰곰이 생각해보니 큰 실수를 저질렀다는 걸 뒤늦게 깨달았다.

'아무리 좋은 것이라도 흥미가 없다면 쓸모없는 것이 아닐까.'

아이들에게 인문고전은 고리타분한 이야기에 불과했다. 무엇보다 재미를 느낄 수 있도록 이끌어주는 게 우선이었다. 그때 내 눈에 들어온 것이 온라인 게임 '스타크래프트'였다. 마침 《손자병법》을 가지고 독서 토론을 진행하던 때라 같이 연결하면 재미있을 듯했다.

지금은 인기가 많이 사그라졌지만, 당시 스타크래프트는 서로 다른 진영끼리 온갖 전술을 이용해 싸우는 최고의 게임이었다. 좁은 지형 안에서 친구들과 편을 나눠 치열하게 싸움을 벌이며 다양한 전략이 오갔다. 어쩌면 《손자병법》과 같이 묶어 설명하면 큰 흥미를 끌 수 있을 것 같았다.

"자, 여기서 말이야. 적의 진지를 점령하러 갈 때 무작정 병력을 많이 뽑아서 밀어붙이면 이길 수 있을까? 이런 진입로에서는 어차피 우리 병력이 많이 들어가지도 못하는데."

"그럼 어떻게 해야 해요?"

"전혀 다른 방향에서 기습하는 거지. 유인하는 거야. 그럼 적들이 거기로 몰려가겠지? 그때 여기를 치고 들어가면 이길 승산이 있지 않을까?"

"잠깐만요. 오, 진짜네. 다 저쪽으로 몰려간다. 아저씨, 짱! 아저씨도 스타크래프트 많이 해봤죠?"

"아니, 많이 해봐서 그런 게 아니라 책에 나와 있어. 성동격서聲東擊西라고……."

아이들과 게임을 하면서 《손자병법》의 내용을 전달해주는 건 과연 효과가 있었다. 인문고전이 전혀 딴 세상 이야기가 아니라는 것을 충분히 알 수 있도록 연결고리만 찾아주면 될 일이었다.

봉사를 하러 갈 때마다 느낀 것은 아이들의 성장이었다. 자기 의지로 이곳에 있는 게 아닌 아이들이었다. 그렇기 때문에 현재의 불운한 환경에 대해 좌절하거나 자존감을 잃지 않았으면 하는 바람이 컸다. 적어도 자존감을 키워나가는 성장을 할 수 있다면, 이 아이들은 지금보다 더 나은 미래를 만들어갈 수 있을 거라 확신했다.

"작가님, 더디더라도 이렇게 아이들을 돕는 게 맞겠죠?"

"너나 나나 책을 읽는 이유가 바로 그거잖아. 성장하기 위해 끊임없이 독서를 하는 것이고, 그 과정에서 성취감도 느낄 수 있으니까."

"그렇죠. 그래서 요즘 저도 책을 읽는다는 게 어떤 의미인지 새삼 고민하고 있어요."

"왜 독서를 하는지 스스로 묻는 일은 처음 시작할 때만 하는 게 아니야. 그 질문은 지금도 해야 하고, 앞으로도 쭉 해야 하는 거야."

독서 봉사를 하면서 오히려 도움을 받고 있는 건 나였다. 그동안 작가님을 통해 듣고 배우기만 했는데, 이제 내가 다른 사람들을 데리고 독서 모임을 끌어가야 하니 나만의 커리큘럼을 세울 수밖에 없었다. 주로 혼자서 책을 읽으면서 내 삶에 어떻게 투영하고 성찰할지 고민했던 나로서는 새로운 경험이자 도전이었다.

어떻게 해야 성공할 수 있는지 책을 통해 찾는 과정이 독서 커리큘럼이다. 지금까지는 나만의 성공을 위한 커리큘럼을 세웠다면, 이 시점에서 왜 책을 읽어야 하는지 다시 묻기 시작하면서 모두가 함께 성장하고 행복해질 수 있는 길을 찾는 커리큘럼을 고민하게 되었다. 생각이 넓어지니 독서 토론도 즐거웠다. 다른 사람보다 나은 사람이 되겠다는 경쟁의식도 줄어들었다.

▶ 성장 독서를 하라. 독서의 최우선 목표는 변화다. 자신의 삶을 변화시키는 커리큘럼을 스스로 만들 수 있어야 한다.

▶ 나만의 독서 커리큘럼을 만들기 위해서는 끊임없이 "왜 책을 읽는가"라는 질문을 스스로 던질 수 있어야 한다.

▶ 독서를 통해 얻고자 하는 것을 구체적으로 설정하고 우선순위를 정해야 한다.

▶ 《논어》를 읽고 변화하지 않았다면 《논어》를 읽은 것이 아니다.

독서를 과시하는 게 무슨 의미가 있을까. 봉사 활동을 본격적으로 하면서 더 이상 독서 자체에 의미를 부여하지 않고 변화를 고민하게 되었다. 구체적으로는 왜 독서를 하는지 지속적으로 되물으면서 여기에 도움을 주는 책의 목록을 만들었다. 마치 거미줄처럼 한 권의 책이 끝나면 연결되는 주제를 찾아 또 다른 책을 선정해 읽었다.

나만의 커리큘럼을 세운다는 건 내가 세상을 살아갈 지도를 만드는 일이다. 호기심을 느끼는 주제나 혹은 직업과 관련된 책을 골라 읽는다는 건 인생을 설계해가는 과정 중 하나라고 볼 수 있다. 그 순간부터 취미로서의 독서라는 개념은 머릿속에서 사라진다. 책을 읽는다는 건 매우 치열한 고민의 시작이자 삶의 이정표를 찾는 여정의 출발이다.

나는 독서 커리큘럼을 짜면서 그곳에 세상에 대한 고민도 함께 담았다. 덕치와 법치에 대해 공부를 시작했다. 이는 비단 세상에 대한 나의 관점을 세우는 것뿐만 아니라 회사를 경영하는 입장에서 어떻게 직원들과 공존할 수 있을지에 대한 물음으로부터 비롯된 것이었다. 이 질문은 친구의 조언 덕분이기도 했다.

"너처럼 혼자 사업을 하는 사람들이 가장 경계해야 할 게 있어. 그게 뭔지 알아?"

"무슨 말이야?"

"자칫하면 독불장군처럼 굴 수 있다는 거지. 힘들게 살아왔던 과거와 자기 성공담을 지나치게 내세운다는 거야."

어느 날 직원들 문제로 골머리를 앓던 나에게 친구가 말했다. 매우 신랄한 지적이었다.

"너는 가끔 보면 말이야. 자기 판단이 옳다고 생각하고 다른 사람의 이야기를 들으려 하지 않을 때가 있어. 또 사람을 평가할 때도 좋은 면보다는 긍정적이지 않은 면을 먼저 보려고 하고."

"아냐, 내가 무슨. 나 남들한테 싫은 소리 못하는 건 너도 알잖아."

"그래. 그렇지만 그것과 무관하게 네가 사람들을 바라보는 시선은 좀 삐딱해. 너도 한번 잘 생각해봐. 그 사람의 가능성이나 기회를 발굴해서 함께 성장하려고 하기보단 부정적인 평가를 먼저 하지 않았는지를."

그동안 회사에서 내가 이렇게 해왔으니 너도 그대로 따라 하면 된다는 식의 이야기를 하지 않았는지 곰곰 생각했다. 일상적으로 툭 튀어나왔을 수도 있었다. 아차, 싶었다. 내가 하던 대로 하지 않는 직원들을 보면 답답해서 내 방식을 강요했을지도 몰랐다.

예전에 신입사원이 일곱 명 정도 들어온 적이 있었다. 나는 오리엔테이션 때 열심히 일할 것을 유독 강조했다.

"여러분은 '세븐 투 일레븐(7 to 11)'의 태도로 일할 수 있어야 합니다. 아침 7시에 출근해서 밤 11시까지 일에 몰두하는 자세를 보여주시면 좋겠습니다."

당시 나는 '세븐 투 투(7 to 2)'로 일하고 있었다. 아침 7시에 출근해서 새벽 2시에 퇴근했다. 밤낮없이 일하는 일 중독자였다. 대표가 새벽 2시까지 일하니 적어도 직원들은 밤 11시까지 일하겠다는 마음가짐이라도 갖춰야 한다고 생각했다. 그런데 다음 날, 단 한 명도 회사에 나오지 않았다.

처음에는 실망감이 너무나 컸다. 일할 의지가 없는 직원들을 뽑은 거라고 생각했다. 열정 없는 사람들에게 서운함을 감추지 못했다. 그런데 아니었다. 지금 생각해보니 나는 그저 내 기준을 내세웠을 뿐이었다. 그들이 어떤 생각을 하는지, 함께 무엇을 해나갈 수 있는지에 대한 공감이나 이해의 과정은 전혀 없었다. 친구의 지적이 틀리지 않았던 것이다.

당시 《한비자》는 나의 고민 해결에 많은 도움을 주었다. 난세에 군주가 어떻게 위기를 헤쳐나갔는지를 보며 경영과 인사 관리에서 해결의 실마리를 찾았다. 그때부터 어쭙잖게 고집 부리기보다 직원들과 공유할 수 있는 커리큘럼을 세우기 시작했다.

커리큘럼을 만드는 것은 쉽지 않은 공부 과정이었다. 한번은 작가님이 책을 집필하면서 자료를 준비하는 모습을 본 적이 있었다. 《리딩으로 리드하라》는 원고였다. 한 권의 책을 쓰기 위해 작가님은 참고 도서만 대략 1천 권 이상을 살펴보고 있었다. 그 많은 책을 검토하며 필요한 내용을 추려내는 건 엄청난 작업이었다.

작가님도 상당히 힘들어했다. 책을 쓰는 게 산고를 겪는 것이나 다를 바 없다는 말이 이해가 됐다. 무슨 책을 그렇게 많이 봐야 한 권을 쓸 수 있는 건지 솔직히 질렸다. 나는 기껏해야 필요에 따라 한두 권에 머무는 수준이었다. 아직까지 나만의 커리큘럼은 부족했다. 강도와 양을 더 늘려야 했다.

관심 있는 주제가 생기면 일단 긍정적인 이야기를 하는 책과 그 반대를 이야기하는 책을 함께 읽었다. 책에서뿐만 아니라 다른 매체를 통해서 정보와 이해를 구하기도 했다. 그 과정이 지루해지면 관련 영화나 만화를 보는 게 도움이 되었다. 느슨하게나마 관심의 끈을 놓지 않고 이어주는 효과가 있었다.

독서 커리큘럼을 만들면 분명한 목표가 정해지고, 그 목표를 향해 어떤 길로 가야 할지를 예측해볼 수 있다. 그만큼 자신의 삶이나 일에서 주도권을 쥘 수 있다.

그 지도는 목표를 달성할 때마다 바뀐다. 지금보다 더 어려운 환경이나 열악한 조건이 닥치면 지혜롭게 해결해가는 지도를 다시 그려야 한다. 앞서 스타크래프트 게임처럼 삶도 한 단계를 공략하면 더 어려운 과정이 기다리고 있다. 커리큘럼이 좀 더 세밀해지고 전문적일수록 수준도 높아진다. 이 또한 진화를 거듭하는 과정이기 때문이다. 나의 커리큘럼은 지금도 조금씩 단단해지고 있다.

⸴ 나를 성장시키는 독서법 ⸴

봉사에 딱히 의미를 부여하지 않았다. 생각만 하고 행동에 옮기지 않는 사람들이 부지기수인데, 실천만 해도 어디냐는 알량한 자존심을 세웠다. 때론 내 생각과 방식을 남들에게 강요하기도 했다. 그러던 내가 독서 커리큘럼을 짜면서부터 완전히 달라졌다. 나만의 독서법은 다 함께 긍정하는 독서법이 되었다.

삶이 제대로 변화하기 시작한 것이다. 그 출발점을 함께한 책들을 추천하고 싶다.

| 논어 | **김형찬 역** |

반복해서 100번 읽기에 도전한 책이었는데 교육에 자신감을 키우기 위해 더 집중해서 읽었다. 세종과 정조가 아끼고 사랑한 책이었다는 걸 알고 나서 나 역시 조선의 왕들이 느끼고 배운 것을 깨닫고 싶다는 자세에서 읽었다.

| 한비자 | **김원중 역** |

경영의 어려움을 느끼던 때였다. 직원들도 내 맘 같지 않아 힘들었다. 난세에 군주가 갖춰야 할 통치의 모든 것이 담긴 《한비자》를 읽으며 경영의 지혜를 빌렸다. 사람들의 본성을 생각하고 그에 따른 결과를 깊이 있게 성찰한

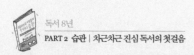

것이 크게 도움이 되었다. 특히 "이렇게 하면 국가가 망한다"는 부분을 읽고, 하지 말아야 할 것들을 다 하고 있던 스스로를 돌아보며 반복 독서했다.

| 묵자 | 신동준 역 |

자신만의 철학을 실천하기 위해 희생을 감수하고, 편한 길이 아닌 길을 선택하는 삶에 대해 생각하게 되었다.

| 국가 | 천병희 역 |

플라톤의 경영 철학에 대한 호기심으로 읽었다. 한 나라의 정치를 세우기 위해 참으로 깊게 토론하는 모습을 보며 경영에 대한 제도를 만드는 것이 쉽지 않음을 알았다. 항상 단순하게 생각해서 발생한 문제들을 검토하며 왜 사색과 토론이 중요한지 새삼 느꼈다.

| 산동네 공부방 | 최수연 |

"가난한 이들을 위한 삶을 살지 않겠느냐"는 제안을 받고 서른셋의 나이에 산동네에 공부방 연 이야기를 담은 책이다. 제대로 보호받지 못한 아이들이 또다시 사회의 어두운 구석으로 내몰리는 현실 속에서 한줄기 단비가 되어준 책이다. 이 책을 읽고 나도 교육 봉사를 시작하게 되었다.

| 리딩으로 리드하라 | 이지성 |

인문고전의 필요성과 효과에 대한 내용을 보고 바로 독서를 시작했다. 개인적으로 책에 대한 작가님의 열정을 가까이 느낄 수 있어서 감동적이었다. 동시에 책이 나오기까지 인고의 과정을 보며 안타까움을 느끼기도 했다.

╎ 책과 현실, 그리고 꿈 ╎

어떤 일을 하더라도 가장 경계해야 하는 게 '이제 나도 제법 안다'는 생각이다. 나만의 커리큘럼을 만들고 나니 책을 친구로 삼을 정도는 됐다. 그렇지만 여전히 독서를 맹목적인 실천으로 여길 때가 많았다. 의무적인 행위에 집착했다.

책을 많이 읽었다고 해서 저절로 삶이 바뀌는 것은 아니다. 읽고 난 뒤, 자신의 현실을 어떻게 개선할지를 고민해야 한다. 독서와 현실 사이에서 내 꿈을 어떻게 펼쳐갈지를 생각해보는 것도 독서의 연장선이다.

처음 독서를 시작할 때만 해도 회사 법인팀 팀장님에게 적잖은 자극을 받았다. 그분처럼 되겠다는 나름의 목표가 있었다. 그러다 이지성 작가님을 만나 본격적인 독서를 시작했다. 그런데 페이스 조절을 제대로 하지 못했다. 무작정 따라 하다 보니 조급함이 더해졌다. 일상의 대부분을 독서 중심으로 보내야 한다는 중압감이 마음을 태산처럼 누르고 있었다. 서서히 지쳐가던 그 무렵, 봉사자 선생님들이 하나둘 떠나가는 모습을 보게 됐다.

"저, 황 대표님. 더 이상 참석하는 게 힘들 것 같아요. 시간이 너무 빠듯해서요. 밀린 일정도 많고……."

"아, 그러세요? 어쩔 수 없죠. 아쉽네요. 그동안 정말 열심히 하셨는데요."

"죄송합니다."

그분들이 나에게 죄송할 이유가 뭐 있겠는가. 그간의 수고를 서로 미안하다는 말로 애써 위로하며 헤어졌다. 봉사자들은 대체로 바쁜 시간을 쪼개어 함께해주었다. 처음 봉사를 시작할 때부터 온힘을 다했다. 참석하는 시간만 할애하는 것이 아니라 봉사를 위한 사전 준비도 열심이었다. 늘 봉사 활동에 관심을 기울였다.

묵묵히 제 몫의 일을 잘하시던 분이 그만둔다고 하자 나를 비롯한 모두가 의아했다. 가장 이 일에 열성적이던 분이 지친 기색을 드러내며 포기를 말할 때는 필시 다른 개인적인 사정이 있을 것이라고 추측했다. 혹은 그동안 드러나지 않았던 사람들과의 갈등이나 실망 때문일 것이라고 짐작하기도 했다. 하지만 이런 이유가 아니었다.

처음 봉사를 하러 올 때 '특별히' 자신의 헌신을 각오하고 오는 경우가 있다. 자연스러운 일상으로 녹이기보다 어떤 명분이나 당위성을 앞세우고 시작하는 것이다. 그래서 처음에는 매우 열심이다. 굳이 누가 부탁하거나 권유하지 않아도 봉사에 적극적으로 나선다. 목표는 거대해서 언제까지고 처음처럼 할 수 있을 거라 자신한다. 그러다 어느 순간 차츰 지친다. 서서히 이유를 만든다. 현실과 타협한다. 일상이 아닌 행위이니 자연스러울 리 없지 않은가.

독서도 마찬가지다. 누군가에 의해 끌려다니는 독서는 오래갈 수 없다. 스스로 당위성을 만들어 억지로 옭아매는 독서도 끝까지 가기 힘들다. 아이들이 책을 읽지 않는 이유는 독서를 숙제처럼 여기기 때문이다. 나도 많은 시간을 이렇게 읽었다. 책상 위에 책을 가득 쌓아놓기도 하고, 가방에 몇 권씩 넣고 다니기도 했다. 독서 일지를 쓰는 것도 나중에는 점점 귀찮아져서 대충 해버릴까 은근히 생각한 적이 많았다. 내가 정말 독서를 일상으로 받아들였다면 당장 태도가 달라졌어야 했다. 왜 읽는 것인지 매번 스스로에게 묻고 또 물어야 했다. 책의 저자가 말하고자 하는 바가 무엇인지 알 때까지 스스로에게 물어야 했다. 난 많이 읽는 데만 급급했을 뿐 오랫동안 진정한 독서를 하지 못했다.

많은 사람들이 이런 질문들에 익숙지 않다. 이 또한 주입식 교육의 폐해다. 의문을 갖기보다 칠판에 적힌 내용을 베껴 쓰고 외우는 것에 더 익숙하다. 질문이 낯설다는 것은 스스로 생각하는 것도 서툴다는 의미다.

책에 대한 질문은 궁금하다는 생각에서 비롯된다. '도대체 왜 이렇게 말하는 것일까' '이런 글을 쓴 의도는 무엇 때문일까' 하는 궁금증을 가질 수 있어야 질문이 가능하다. 호기심이 발동되어야 사고 활동이 시작되는 것이다. 무작정 많이 읽기만 하는 것은 이런 사고에 도움이 되지 않는다.

무조건 많이 읽으면 된다는 생각을 조심해야 한다. 한 해에 몇백 권을 읽어도 자기 삶이 전혀 바뀌지 않았다며 독서에 회의적인 사람들도 있다. 과연 책을 읽은 만큼 성찰의 시간도 가졌을까. 그저 "다 읽었다"에 만족하기 위해 질주했을 뿐이다. 작가님은 독서와 성찰이 수레를 지탱하는 바퀴와 같은 것이라고 강조했다. 사람들은 수레를 굴리려면 두 개의 바퀴가 양쪽에 균일하게 있어야 한다는 사실을 종종 잊는다. 독서와 성찰, 모두 중요하다.

독서를 무슨 종교 생활처럼 경건하고 무겁게 받아들이자는 것이 결코 아니다. 오히려 지극히 자연스러운 하나의 일상이 되기를 바란다. 앞서 봉사에 금세 지친 사람들을 보며 맹목적인 독서가 얼마나 무서운 것인지 깨달았기 때문이다.

처음의 뜨거운 열정만큼이나 포기도 한순간에 이루어질 수 있다는 점을 늘 점검하고 경계해야 한다. 이것이 일상이라면, 때론 잠시 쉬었다 다시 시작할 수 있다. 그러나 마지못해 떠밀리듯 세웠던 꿈이라면 끝까지 지속하기 힘들다. 봉사나 독서나 모두 일과로 받아들이고 또 성찰의 시간을 가진다면 삶의 구체적인 행보가 달라질 수 있다. 하루하루 자신이 해야 할 목록을 차분히 정리하고 실행해나갈 수 있다. 잊지 말자. 독서는 일상이다.

⇥ 이지성 작가의 멘토링 ⇤

> ▶ 독서는 현실과 꿈을 잇는 다리다. 꿈을 가진다는 것은 치열한 노력을 한다는 것이다. 즉 치열한 독서를 통해 꿈을 현실에서 이루는 방법을 찾아야 한다.
>
> ▶ 치열하다는 것은 삶과 독서에 대한 태도를 뜻한다. 맹목적인 노력과 성실이 아니다.
>
> ▶ 변화를 바란다면, 치열하게 살겠다는 각오를 해야 한다.
>
> ▶ 꿈을 이루는 과정은 치열함을 이겨내기 위한 열정이 기반이라 쉽지 않다. 각오가 되어 있지 않다면 그냥 평범하게 사는 것도 방법이다. 꼭 꿈꿔야 옳다는 것이 아니다. 다만 변화하고 싶다면 각오를 해야 한다. 변화는 생각보다 쉽지 않다.
>
> ▶ 사랑은 가장 강력한 동기부여다. 타인을 사랑하고 아끼는 마음이 있을 때, 가장 강력한 성장 동력을 가지게 된다.
>
> ▶ 나눔은 사랑의 실천이다.
>
> ▶ 교육이 바뀌어야 한다. 누구나 질 높은 평등한 교육을 받아야 사회가 바뀐다. 모두가 잘사는 나라를 만들려면 교육이 우선되어야 한다.
>
> ▶ 자신과 관련한 분야에서 성공한 사람을 찾아가라. 그리고 전 세계에 멘토를 두어라.

이맘때 작가님은 부쩍 조언이 많아졌다. 말로만 도움을 준 게 아니었다. 행동으로 보여주었다. 한번은 도서관에서 책을 복사하고, 신문 기사를 모아 형광펜으로 일일이 밑줄을 그으면서 성공한 사람들의 꿈에 대해 정리하는 모습을 옆에서 지켜본 적이 있었다. 한순간 노트 한 권 분량이 되는 것을 보며 나는 혀를 내둘렀다. 내 직업과 관련된 책을 추천해줄 때도 놀랐다. 금융은 작가님이 잘 모르는 분야라고 생각했는데, 내가 필요로 하는 부분을 간파하고 책을 권해주니 고마웠다.

"한번 읽어봐. 이 사람이 어떻게 해서 열정과 꿈을 가지게 되었고 또 영업을 하며 성공을 이루었는지 살펴보면 도움이 될 거야."

금융업의 경우 열정만으로는 위험한 부분이 많다. 타인의 재산에 직접적으로 피해를 끼칠 수도 있고 자칫 불법 다단계처럼 변질되게 보일 수도 있기 때문이다. 금융은 장기적인 관점에서 바라봐야 한다. 거래 과정도 오랜 시간이 걸리는 만큼 대박을 노린다는 식의 접근은 매우 위험하다. 그런데 많은 금융상품이 고객에게 이런 유도를 마다하지 않는다. 결국 애꿎은 피해자를 낳는다.

사례가 있었다. 어느 날 무역업에 종사한다는 분이 나를 찾아왔다. 그는 우리나라의 농수산물을 일본에 수출하는 일을 하고 있었다. 무척이나 피곤해 보였고, 뭔가 하소연을 하고 싶어 하는 표정이었다. 형식적인 인사 뒤에 그는 나를 찾아온 이유를 본격적으로 말하기 시작했다.

"이 사업의 특성상 가끔 자금 회전이 안 될 때가 있어요. 워낙 변수가 많죠. 그래서 운영이 좀 어려울 때는 은행에서 대출을 받을 수밖에 없습니다. 근데 막상 대출을 받으려니 다른 상품을 함께 사야 한다는 말을 들었어요."

"아! 그래서 가입하셨나요?"

"네, 별수 없이."

그가 권유받은 것은 이른바 '꺾기 영업'이었다. 돈을 구하러 온 사람에게 다른 금융상품까지 끼워서 파는 것이다. 당장 급전이 필요한 사람들이 쉬이 거절하지 못하는 심리를 이용한 수법이다. 금융상품을 사지 않으면 대출이 안 된다고 하니 울며 겨자 먹기로 구매할 수밖에 없다. 당연히 큰 부담이다. 원금과 이자도 갚아야 하는 상황에 가입한 금융상품까지 매달 납입해야 하는 것이다. 게다가 대부분의 금융상품들은 끝까지 유지하지 못하면 금전적으로 손해를 보게 된다. 중도 해지를 하는 순간, 가입비나 그동안 쏟아부은 납입금을 돌려받지 못한다.

그가 만난 영업 직원은 오로지 자신의 실적을 위해 달려든 것이다. 잘못된 관행이고 불법이라는 생각보다는 성과를 올리려고 눈에 불을 켰을 것이다. 지나친 열정이 도덕적 판단을 흐리게 한 셈이다.

나는 그 영업 직원과 같은 경우를 많이 봐왔기 때문에 평소 열정에 대해 다소 복잡한 기준을 가지고 있었다. 독서나 봉사 등의 일상에서는 열정을 중요하게 여긴다. 그러나 내 업무인 금융과 관련해서는 열정보다 냉정한 사고와 판단을 더 내세워왔다.

작가님이 추천해준 책은 달랐다. 단순한 영업이라도 꿈과 열정이 중요하다는 것을 깨닫게 해주었다. 그런데 작가님의 조언을 엉뚱하게 해석하는 사람들도 있었다.

"꿈만 꾸면 그 꿈이 이루어진다고 하지 않았나요? 하지만 현실에서 그런 경우는 없어요. '꿈꾸는 다락방' 따위는 없단 말이에요."

"열정을 보이라고요? 오히려 그 열정을 착취하는 세상이라는 걸 모르시나요?"

언제부턴가 책에 나오는 꿈과 열정이라는 단어는 기만의 언어가 되고 말았다. 물론 현 사회에서 젊은이들의 뼈아픈 노력을 '열정페이'라는 말로 무마하는 파렴치한 행위는 비난받아 마땅하다. 그렇지만, 그렇다고 아예 자신의 꿈과 열정 자체를 부정하는 것은 빈대 잡으려고 초가삼간을 다 태우는 것과 같다.

작가님은 이런 오해를 극복하기 위해서라도 멘토를 많이 찾으라고 했다. 그들이야말로 산 증인이자 실제 사례를 보여주는 것이니 냉소적인 반응을 충분히 극복할 것이라고 했다.

"너도 우리나라 업계 최고의 멘토를 찾아야 돼. 기왕이면 다른 나라까지 살펴봐."

아쉽게도 언어 장벽 때문에 다른 나라에서 멘토를 찾는 일은 중간에 멈췄지만, 국내 금융업에서 올바른 가치관을 가진 사람들을 찾기 위해 많이 돌아다녔다. 이때도 맹목적인 믿음이나 추종은 경계했다. 또 괜히 혼자 흥분한 나머지 그릇에도 맞지 않는 허황된 꿈을 꾸지 않으려 조심했다. 멘토를 만날 때도 그저 꼭두각시 인형처럼 있지 않았다. 만남을 통해 성찰하는 시간을 반드시 가지려고 노력했다. 멘토와 친해지는 것이 중요한 게 아니라, 배울 것을 찾고 변화하는 것이 원래의 목적이라는 것을 늘 잊지 않았다.

나를 금세 지치게 만드는 맹목적인 열정에서 벗어났다. 무작정 멘토를 따라 하는 것도 관뒀다. 이런 과정 속에서 꿈에 대한 실행력을 다시금 생각하게 되었다. 추상적인 바람을 좇지 않고 실현 가능한 꿈을 계획하게 되었다. "왜?"라는 질문을 언제나 던졌다. 또 내가 무엇을 하고자 하는지, 당장 현실에서 실천할 수 있는 변화의 과제가 무엇인지 끊임없이 생각하고 연구했다. 실행할 수 없는 독서는 허무할 뿐이다.

꿈은 10년, 1년, 한 달, 일주일, 하루 단위로 해야 할 일을 구분하고 정리할 수 있어야 한다. 빡빡한 것 아니냐고 반문할 수 있다. 하지만 꿈을 이룬 사람들의 공통점은 이런 과정들을 잘 이겨냈다는 것이다. 성공한 결과만 보고, 혹은 돈이 많다고 해서 다 영웅이고 다 위대한 사람이라고 부르지는 않는다. 꿈을 실행하는 과정이 그 무엇보다도 중요하다.

꿈은 맹목적인 독서와 현실의 괴리감을 좁혀준다. 독서를 통해 현실을 냉철히 바라보게 하고, 또 변화의 실행 과정을 마련하도록 채찍질해준다. 독서를 통해 꿈이 영글어지는 과정이 현실적으로 이루어지는 것이다. 이런 경험을 조금씩 하고, 단계별로 이루는 게 중요하다. 그래야 독서로 꿈을 실행하는 과정에서 행복을 느끼고, 더욱 큰 목표에도 한 발짝 다가설 수 있다.

; 세상은 꿈꾸는 사람의 것 ;

열정페이라니, 무서운 말이다. 인생에서 가장 꽃다운 시기, 열정
적이지 않은 청춘이 있을까. 청춘은 꿈을 꾼다. 그 꿈은 치열하게
살아가는 이유가 된다. 희망이 되고 원동력이 된다. 누가 강요하
지 않아도.

다른 사람들은 어떻게 살고 있는지 궁금했다. 좌절할 때, 지칠
때, 일어설 힘이 없을 때, 어떤 생각으로 이겨냈는지 알고 싶을
때 읽었던 책들이다.

| 열혈교사 도전기 | 웬디 콥 |

미국에서 교육의 평등을 실천하고 있는 비영리 교육 단체의 이야기를 담았
다. '모든 아이들에게 동등한 교육 기회를 제공하겠다'는 신념으로 젊은 엘
리트들이 모인 것이다. 이 사회적 기업은 나와 작가님이 진행하고 있는 교육
봉사 단체의 롤 모델이 되었다.

| 하류사회 | 미우라 아츠시 |

경제 격차로 인한 사회문제를 검토하며 제도와 교육을 통해 이 문제를 해결
할 수 없을까 생각하게 했던 책이다. "교육이 전부"라고 늘 이야기하던 작

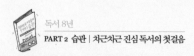

가님 덕분에 계층 간 격차를 줄이기 위한 교육의 방향성, 책임감 등을 고민했다.

| 정의란 무엇인가》 | 마이클 샌델 |

정의에 대해, 다수의 이익과 인간의 존엄성에 대해, 그리고 도덕적 한계에 대해 다양한 논리와 관점을 제시해주는 책. 인문고전에서 토론되었던 문제들을 현대판으로 보는 느낌이었다.

| 멈추지 않는 도전 | 박지성 |

세계적인 축구 명가 맨체스터 유나이티드에 이적하기까지 박지성의 노력과 성장 과정을 볼 수 있어 좋았다. 꿈으로 한 걸음씩 나아가는 그의 모습을 보며 단순히 꿈만 꿀 것이 아니라 그 꿈을 위해 오늘 나는 무엇을 실천하고 있는지 되돌아보게 되었다.

| 나는 내일을 기다리지 않는다 | 강수진 |

자기 일에 대한 열정과 헌신을 보여주는 세계적인 발레리나 강수진을 통해 진정한 성공이란 무엇인지 다시금 생각하게 됐던 책이다. "나는 내일을 기다리지 않는다"는 한 마디만으로도 그녀의 열정을 충분히 읽을 수 있었다.

| 행복한 달인 | 이지성 |

가장 재미있고 기억에 남는 책. 특히 KFC를 창립한 미국의 사업가 커넬 샌더스의 이야기를 읽으며 절망과 희망은 한 끗 차이라는 것을 알았다. 또 꿈을 이루는 데에 나이는 아무런 장애가 되지 않는다고 생각하게 되었다.

PART 3

변화

—

책으로 나를
지켜낸다는 것은

한참을 책에 파묻혀 지낼 수 있었던 것은 누군가의 강요 때문이 아니었다. 내가 하는 일에 필요한 지혜
와 길을 찾겠다는 생각이 책을 펼치게 했다. 단기 이익의 유혹보다 모두가 함께 행복해질 수 있는 방법
을 찾아야만 했고, 또 그 방법을 실제로 구현하고 싶어졌다. 처음 사업을 하겠다고 나섰던 것은 순전히
독서 덕분이었다. 독서 덕분에 새로운 인생을 살겠다는 마음이 자리 잡았다.

배우기만 하고 생각하지 않으면
막연하여 얻는 것이 없고,
생각하기만 하고 배우지 않으면
위태로울 수밖에 없다.

《논어》, 공자

독서 근육 트레이닝

독서가 일상의 중심이 되자 나는 좀 더 숙련된 독서를 하고 싶었다. 이제 독서의 힘으로 인생을 바꿀 수 있는 동력을 마련하는 게 중요해졌다. 지금까지는 태도와 습관에 대해 차근차근 깨달았다. 이제부터는 독서가 내 인생의 변화에 좀 더 강력한 영향을 끼칠 수 있는 힘이 되어야 했다.

몸의 근육처럼 독서도 지구력과 근력을 키워야 한다. 독서에서 지구력은 꾸준한 책 읽기를 뜻한다. 근력은 다독과 반독返讀으로 독서의 질을 높이는 것을 말한다. 강한 독서 근육으로 독서의 효과를 높이는 단계에 들어서는 것이다.

한동안 운동을 열심히 다닌 적이 있었다. 몸을 좀 단단하게 만들고 싶어서 매일 다녔다. 매일 시간을 정해놓고 다니니 확실히 효과가 있었다. 조금씩 배에 근육이 잡혔고 운동할 맛이 났다. 그런데 어느 정도 시간이 지나자 처음 시작했을 때보다 효과가 빨리 나타나지 않았다. 힘들지 않게 운동하는 요령이 생긴 것이다.

운동은 꾸준함이 생명이다. 가까스로 몸을 만들었다고 해도 유지하지 못한다면 말짱 헛수고다. 그래서 원래대로 돌아가지 않도록 성실하게 관리하는 것이 관건이다.

독서도 이와 다르지 않다. 꾸준히 읽어야 한다. 한꺼번에 많이 읽겠다고 조급증을 드러낼 필요도 없다.

어느 날, 책을 천 권 읽었다며 공공연히 자랑을 하고 다니는 사람을 만났다. 바쁜 와중에도 그렇게 봤다고 하니 그 열정만큼은 인정해 줘야 한다는 생각이 들었다.

사람들이 주위에 몰렸다. 천 권이나 읽는다는 게 결코 쉬운 일이 아니니 존경의 눈빛으로 그를 바라봤다. 토론할 때는 막힘없었고 박학다식한 면을 보였다. 누가 봐도 똑똑한 사람이었다. 아는 게 많아 사람들이 질문을 꽤 했고 대답도 척척 잘했다. 주변의 이목을 끌 수밖에 없었다. 그런데 옆에서 가만히 지켜보니 가관이었다. 마치 세상을 다 안다는 듯 굴었고, 이제 더 이상 읽을 책도 없다고 허세를 부렸다. 시간이 갈수록 사람들이 떨어져 나갔다. 간혹 들리는 이야기는 험담뿐이었다.

"그 사람 너무 기고만장한 거 아니에요? 은근히 사람 무시하고 말이죠. 똑똑하면 뭐 해."

"맞아. 자기랑 생각이 다를 수도 있는 건데 나를 한심하다는 듯 쳐다보더라고."

아는 게 많으면 자기 지식을 드러내고 싶어 할 수도 있다. 하지만 말과 행동이 달라 신뢰를 잃는 일은 없어야 한다. 그 사람은 지식을 뽐낼 뿐 삶이 달라지는 모습을 보여주진 못했다. 책에 나오는 좋은 내용을 청산유수로 늘어놓지만 정작 자신은 바뀐 게 없었다. 마치 자랑하기 위한 근육만 빵빵하게 키운 것과 같았다.

삶의 변화는 급속히 이루어지는 경우가 드물다. 독서를 통한 변화에도 시간이 걸린다. 차근차근 근력을 키워나가다 보면 어느새 근육이 자리 잡고 건강도 좋아진다. 그런데 대부분 마음이 급하다. 마음 급한 사람들은 작가님의 강연회에서도 종종 볼 수 있었다.

"작가님, 저도 작가님처럼 책을 많이 읽고 싶거든요. 늦었지만 지금부터 읽으려면 아무래도 빨리빨리 읽어야겠죠? 속독을 배우면 괜찮을까요? 어떻게 하면 속독할 수 있나요?"

"저는 지금까지 단 한 번도 속독을 이야기한 적이 없습니다."

그 사람은 당혹스러움을 감추지 못했다.

"직장을 다니면서 책을 읽는다는 게 쉽지 않거든요. 짬 내서 읽을 수밖에 없는데, 빨리 읽으면 책을 많이 볼 수 있으니까 좋은 것 아닌가요?"

"많이 읽어야죠. 그런데 많이 읽는 것과 빨리 읽는 것은 달라요. 왜 빨리 읽는 것에 초점을 두는지 모르겠네요. 물론 빨리빨리 읽으면 많은 책을 읽을 수 있겠죠. 하지만 그렇게 읽은 책에서 무엇을 얻을 수 있을까요?"

다독을 속독으로 이해하지 말라는 당부였다.

"속독은 기술일 뿐입니다. 책을 읽으려면, 기술을 배우기보다 올바른 태도부터 갖춰야 합니다."

왜 독서를 하는지, 나아가 왜 많이 독서를 하는지에 대해 먼저 그 의미를 생각해보라는 것이었다. 빠른 시일 내에 남들에게 내세울 만한 독서량을 자랑하겠다는 욕심이 앞서 있는 건 아닌지 스스로 돌아볼 필요가 있다는 뜻이었다.

더 늦기 전에 독서를 시작한 것은 분명 반가운 일이다. 그렇지만 그동안 읽지 않은 것에 대한 보상이라도 하려는 듯이 많은 책을 빨리 읽겠다는 과욕은 버려야 한다. 운동할 때처럼, 처음에는 활활 솟은 의욕 덕분에 닥치는 대로 마구 읽는다. 그러나 얼마 지나지 않아 책을 읽는 것 자체가 질리고 힘든 일이 되고 만다. 근육이 채 생기기도 전에 무리해서 무거운 덤벨을 드니 버틸 수가 없다.

나도 책 읽는 속도를 민감하게 생각한 적이 있었다. 하루 한 권을 읽겠다고 목표를 세웠을 때였다. 대체로 속도에 반응하는 사람들은 권수를 목표로 세운 경우가 많다. 하루에 한 권씩 꼭 읽어야 한다는 목표는 24시간이라는 굴레에 나를 스스로 가뒀다. 제대로 읽지 않고 책장을 넘기기 바빴다. 어떤 내용이 궁금해 책을 찾을 때는 나도 모르게 두께를 보게 됐다. 얇으면 보고 두꺼우면 넘겼다. 독서의 본질과 거리가 먼 행위를 했던 것이다.

책을 많이 읽는 건 긴 여정이다. 사막 한가운데를 오로지 두 발에 의존해 걸어가야 할 때, 좀 더 빨리 가겠다고 발걸음을 재촉하기만 해서는 상황이 나아지지 않는다. 별자리와 태양의 위치를 틈틈이 보고, 오아시스를 발견하면 쉬기도 하면서 끝이 보이지 않는 사막을 벗어날 현실적인 방법을 모색해야 한다. 천 권의 책을 읽었어도 자신의 삶을 변화시킬 수 있는 모멘텀을 찾지 못했다면 진정한 독서를 했다고 말할 수 없다. 독서 근육은 빨리 만든다고 금세 만들어지는 것이 아니기 때문이다.

신정근의 《마흔, 논어를 읽어야 할 시간》이라는 책을 읽은 적이 있다. 나는 이 책에서 성근습원性近習遠이라는 구절을 특히 눈여겨봤다. 타고난 본성보다 만들어진 습관에서 차이가 생긴다는 뜻이다. 독서 근육은 본성보다 훈련으로 만들어지는 습관이다. 본성을 뛰어넘는 습관의 힘으로 독서 근육이 생긴다면 얼마나 자기 모습이 뿌듯할지 생각해보자.

▸ 몸에 근육이 필요하듯 독서에도 근육이 필요하다.

▸ 산만하거나 중단하는 것은 독서 근육이 없기 때문이다.

▸ 다독은 독서 근육을 키워준다. 전문 분야 100권 정도를 읽어라.

▸ 속도에 크게 연연하지 마라. 속독은 독서의 본질이 아니다.

▸ 독서 습관을 갖추면, 집중도 잘되고 차츰 이해도 빨라진다.

▸ 많이 읽다 보면 양 속에 질이 있다는 것을 알게 된다.

작가님과 함께 독서 특강을 시작할 때였다. 모임을 찾은 사람들은 독서를 통해 성장을 꿈꾸는 사람들이었다. 그런데 한 사람이 작가님께 자신의 고민을 털어놓았다. 요즘 사람들이 얼마나 '빨리빨리'에 길들여져 있는지 알 수 있었다.

"작가님, 저도 제 꿈을 펼치고 싶어서 책을 열심히 읽고 있는데 아직 현실은 조금도 바뀐 게 없어요. 책을 읽으면 정말 제 인생이 바뀌는 건가요?"

"얼마나 읽었습니까?"

"네? 그게, 이 모임에 가입하면서부터 열심히 읽고 있는데요."

"열심히 읽기 시작했다고 해도 이제 기껏해야 한 달입니다. 한 달 동안 몇 권을 봤고, 또 어떤 성찰을 했는지 생각해봤나요?"

작가님은 그동안 독서를 하지 않던 사람이 단번에 큰 변화를 기대하는 것을 지적했다. 막 걸음마를 뗀 사람이 능숙한 스프린터처럼 달리기를 잘하는 것이 말이 되느냐고 되물었다.

"욕심만 앞선다면 어떻게 될까요? 이제 겨우 작은 노력을 하고 큰 성공을 바란다는 게 말이 된다고 봅니까?"

책을 읽기만 하면, 저절로 마법이 펼쳐질 것이라 믿었던 사람들의 환상이 깨지고 있었다.

"독서에도 근육이 필요해요. 무슨 일이든 처음부터 당장 효과가 나는 게 있나요? 독서를 통해 성장하려면, 많은 양의 독서가 반드시 필요합니다. 단순한 취미가 아니라 정말 절박한 심정으로 책을 읽어야 해요. 그래야 자신의 삶에서 작은 변화가 나비효과를 일으킬 수 있는 겁니다."

나 역시 속으로 뜨끔했다. 하루빨리 삶이 변화되기를 기대했던 예전 모습이 떠올랐다.

"그럼 작가님, 얼마나 많이 읽어야 하나요? 구체적으로 말씀해주세요."

"그 기준은 자신이 롤 모델로 삼은 사람에게 맞추는 것이 좋아요. 현재 나의 상황에 맞춰서 독서를 하는 사람은 지나치게 기준을 낮게 잡을 수 있거든요. 반대로 무리하게 비현실적으로 계획을 잡는 것도 조심해야 해요. 중도에 포기하거나 실패하지 않으려면 자신이 닮고 싶은 사람이 어떻게 독서를 하고 있는지를 찬찬히 살펴보세요. 강한 동기부여가 될 수 있습니다."

모두 고개를 끄덕였다. 나도 멘토를 찾은 후에야 독서 근육을 키우는 데 집중할 수 있었다.

헬스클럽을 다닐 때 조금 친해진 트레이너가 있었다. 언젠가 낯빛이 좋지 않기에 다가가 물었다.

"무슨 일 있어요?

"거참, 어이가 없고 부끄럽기도 해서……."

"왜요?"

"병원에 다녀왔는데 글쎄, 제가 심각한 영양 결핍이래요."

트레이너가 들려준 말은 사뭇 충격적이었다. 그는 누가 봐도 소위 '몸짱'이었다. 생각지도 못한 말이 이어졌다.

"의사 말이 오히려 지난번 검진 때보다 상태가 안 좋대요."

"정말요? 보기에는 점점 몸이 좋아지는 것 같은데……."

"그러게 말이에요. 아휴, 쥐구멍에라도 숨고 싶네요. 명색이 트레이너인데."

처음에는 믿지 못했다. 감기조차 피해갈 것만 같은 체구였다. 그러나 내막을 들어보니 그럴 수밖에 없었다. 지방을 빼고 근육을 더 크게 키운다는 욕심에 불균형한 식단과 근력 위주의 운동을 무리하게 강행했던 것이다. 균형 있는 건강 관리는 하지 않은 채 외형만 보기 좋게 해놓은 데에 불과했다. 오히려 예전보다 더 안 좋은 상태라고 하니 지금까지 키운 근육은 쓸모없는 셈이 됐다.

독서 근육도 겉으로 드러난 것만 이야기하는 게 아니다. 균형감을 갖춘 근육을 키워야 한다. 책을 왕창 읽는다고 해서 되는 것도 아니고, 책만 읽는 것에 그쳐서도 안 된다. 요즘 책을 읽는다고 하면 대단하다는 표정으로 바라볼 만큼 독서는 일상에서 특별한 행위가 되고 말았다. 특별한 것이 아니다.

일상에서 책 읽는 습관을 들이면 속도는 따라온다. 독해 능력이 서서히 향상된다. 희열과 만족을 느낀다. 그때부터 성장과 변화의 과정을 체감한다. 이것이 독서 근육의 동력이다.

⌇ 마라톤하듯 천천히, 꾸준히 ⌇

이 시기 《논어》를 볼 때 빨리 읽으려고 하거나 몇 번 읽고 뭔가를
얻으려는 기대는 아예 하지 않았다. 어렵더라도 천천히, 꾸준히
해야겠다고 맘먹었다. 이해도를 높이기 위해 관련 도서를 20여
권 가까이 구해서 읽었다. 깊이를 찾는 과정이었다.
많이 읽을수록 독서 근육은 자란다. 이것이 습관으로 굳어지면
독서의 폭도 넓어진다.

소설 공자 | 최인호 |

그동안 공자의 '말씀'만 알고 있었지, 정작 공자의 삶에 대해서는 아는 게 별
로 없었다. 공자의 인생을 살펴볼 수 있는 책이고, 더불어 《논어》를 이해하
는 데에 도움을 받은 책이다.

공자 평전 | 안핑 친 |

공자에 대해 더 깊이 이해하기 위해 읽은 책이다. 청대 고증학을 공부한 중
국 역사학자의 시선에서 공자 본연의 모습을 재조명했다. 그 시대 공자는
어떠한 사람이었는지, 또 공자의 삶은 현대의 삶에 어떻게 유효한지 살펴볼
수 있었다.

| 공자전 | **바오펑산** |

인간 공자의 삶과 철학을 표현한 책 중에 가장 사실적인 책으로 알려져 있
다. 공자가 《논어》를 직접 강의하는 형식으로, 20년간 공자에 대해 연구한
중국의 인문학 교수가 정리해 담았다. 공자를 더욱 가까이 느낄 수 있었고
공자의 철학을 이해하는 데에도 큰 도움이 됐다.

| 공자가 죽어야 나라가 산다 | **김경일** |

공자에 대한 비판적인 시각을 담은 책이다. 한국인에게 뿌리 깊이 박혀 있는
유교적 이데올로기가 시민사회의 성숙을 저해하는 요인이라 주장하며, 사람
들을 성인군자와 소인배로 규정하는 공자의 가르침을 비판했다. 공자를 긍
정적으로 평가하는 책 읽기와 균형을 맞추기 위해 읽었다.

| 공자의 유머 | **임어당** |

딱딱하고 진지한 공자에 대해서만 보는 듯해서 재미로 읽은 책이다. 고매한
사상가로 신격화된 이미지를 갖고 있는 공자에게서 인간미를 느낄 수 있었
다. 저자 임어당은 소설가이자 수필가, 언어학자로 서구와 일제의 침략에 신
음하던 1920년대에 잡지 〈논어〉를 창간해 중국의 사상을 앞장서 알린 입지
전적인 인물이다.

| 마흔 논어를 읽어야 할 시간 | **신정근** |

내 나이가 딱 마흔이라 읽었다. 현실적인 삶과 결부돼서인지 깊이 공감이 되
었다. 공자의 '말'을 통해 이 시기 갖춰야 할 덕목을 배웠다.

| 논어, 사람의 길을 열다 | 배병삼 |

《논어》에 대한 다양한 견해를 보고 싶어 읽은 책이다. 당시의 전통 사상이 현재의 우리에게 어떤 지혜를 주며 또 어떤 의미가 있는지를 들려준다.

| 내 인생의 논어 그 사람 공자 | 이덕일 |

역시 《논어》에 대한 다양한 견해를 보고 싶어 읽은 책이다. 시공간을 초월한 진짜 인문정신을 배울 수 있었다. 성인 하면 쉽게 떠올릴 수 있는 인물이 공자이지만, 우리나라 대표적인 역사학자의 시점에서 다시 살펴본 인간 공자의 삶은 놀랄 만큼 새로웠다.

﹔절실하게 읽고 생각하라 ﹕

몸의 근육을 한창 만들어갈 때는 말이 많아진다. 근육을 뽐내고 싶고 운동을 제법 아는 척 자랑하고 싶다. 독서 근육도 마찬가지다. 노력으로 일궈낸 근육의 탄탄함을 보여주고 싶다.

하지만 진정한 고수는 별말이 없다. 묵묵히 운동하고 근육을 만들어간다. 정체될 때도 있기 때문에 자기 근육을 마냥 자랑하지 않는다. 독서 고수 역시 마찬가지다. 자랑할 의도도, 그럴 시간도 없다. 책을 통한 성찰과 통찰의 시간을 가지는 데에 바쁘다. 많이 읽는 것이 그리 중요하지 않기 때문이다.

작가님을 만나고 난 뒤 그동안 생각지도 못한 일을 많이 경험했다. 어느 날은 갑자기 예술의 전당에 함께 가자고 했다. 운전하다 지나친 적은 있지만 한 번도 공연을 보러 간 적은 없었다. 옆에서 듣고 있던 직원들도 뜬금없다는 표정이었다. 그들도 문화생활이 그리 친숙하지 않은 사람들이었다. 늘 서점에 가자던 작가님이 웬일로 공연장을 찾나 싶었다. 보고 싶은 게 있는데 혼자 가기 싫어서 그러는 것인지, 아니면 표가 여러 장 생겨 선심을 쓰는 것인지 알 수가 없었다. 이유야 어떻든 간에 바쁜 일을 팽개쳐두고 선뜻 따라 나서기가 내키지 않았다. 하지만 말로만 듣던 클래식 공연을 실제 볼 수 있다는 기대감에 예술의 전당으로 향했다.

이런저런 복잡한 심정으로 도착해보니, 작가님이 나만 부른 것은 아니었다. 몇 사람들과 공연장으로 들어가 자리를 찾아 앉았다. 공연이 시작되기 전에 괜히 주위를 두리번거렸다. 공연 도중에 박수를 치는 것도 주의해야 한다는 이야기를 들은 터라 다른 관객들의 눈치를 보며 어서 시작되기를 기다렸다.

처음 오는 사람처럼 보이지 않으려고 무던히 신경을 썼다. 공연이 시작된 뒤로는 작품 내용에 대해 아는 것이 없어서 지루했다. 애써 졸음을 쫓아내며 보다가 어느 순간 강렬한 선율에 정신이 번쩍 들었다. 나도 모르게 가슴이 두근거렸고 울림이 느껴졌다.

관람이 끝나고 사람들과 헤어진 나는 묘한 기분을 떨쳐낼 수 없었다. 학교 다닐 때 음악 시간에 듣거나 라디오에서 어쩌다 듣던 클래식이었다. 굳이 찾아 들어야 할 이유가 없었다. 오히려 꺼렸다. 고루하다고 느꼈고 여유 있는 사람들의 전유물쯤이라 생각했다. 그런데 이날의 경험은 느낌이 달랐다. 내 생각을 바꿔놓았다.

가슴이 두근대던 느낌을 잊지 못해 서점을 찾았다. 클래식과 관련된 책을 몇 권 사와서 읽었다. 음악에 대한 이해 수준은 여전히 낮았지만 음악가들의 열정과 창작 의지는 큰 감동으로 다가왔다. 왜 작가님이 클래식에 문외한인 나에게 같이 가자고 했는지 어렴풋이나마 이해가 됐다. 그 후 작가님은 미술 전시회도 권했다.

"우리는 보통 인문학을 철학, 역사, 문학으로 알고 있는데 그렇지 않아. 음악, 미술, 건축 등 인간의 정신과 삶에 관련된 모든 것이 인문학이야. 미술은 철학, 역사, 문학과 밀접한 관련이 있어. 음악과 건축도 마찬가지야. 이번 전시회는 참으로 좋은 인문학 공부가 될 테니까 다녀오는 게 좋을 거야."

음악회도 낯선 경험이었지만 전시회에 대한 관심도 딱히 없었다. 가봤자 제대로 된 감상이나 할 수 있을까 싶었다. 그래도 권유를 받았으니 미술 전시회를 알아봤다. 마침 시청역 근방에서 폴 고갱의 작품 전시회가 열리고 있었다. 혼자 가는 게 멋쩍어서 회사 직원들을 이끌고 다 함께 그곳으로 갔다.

고갱에 대해서 아는 것이라곤 별로 없었다. 선원으로 살다가 그 후 증권거래소에서 일하던 중 뒤늦게 전업 화가로 전향한 사람이라는 것, 나이 마흔셋에다 자녀가 다섯이나 되는 상황에 직장을 때려치우고 그림을 그리겠다고 나서서 주변에서 모두 극심하게 반대했다는 것. 그래서 가족과의 이별을 감수하면서도 그림에 매달렸던 천재 화가. 딱 여기까지가 내가 아는 지식의 전부였다. 이 또한 모두 어느 책에서 읽은 내용이었다.

고갱의 그림을 눈앞에서 실제로 본 건 그때가 처음이었다. 각 그림에 대해서 아는 정보가 없다 보니 그림이 눈에 들어오지 않았다. 그렇게 쓱쓱 그림을 지나쳤더니 전시장을 둘러보는 것이 금세 끝났다. 바쁜 출근길 지하철을 갈아타는 와중에 벽걸이 그림을 보듯 그렇게 훑고 지나갔다. 마지막 그림을 지나치려니 왠지 괜히 왔다는 생각마저 들었다. 그런데 그때 무슨 소리가 흘러나왔다.

"이 그림은 고갱이 타이티 섬의 원주민을……."

무심코 지나쳤던 그림들 옆에 해설을 담은 오디오가 각각 준비되어 있었던 것이다. 그제야 나는 그림에 대한 자세한 내용을 알 수가 있었다. 처음부터 다시 감상했다. 귀로 설명을 들으며 보니 그림이 눈에 새롭게 들어오기 시작했다. 어떤 그림 앞에서는 "때론 광기가 느껴진다는 세간의 평이 있다"는 대목에서 절로 고개가 끄덕여졌다. 대체 무엇이 고갱으로 하여금 이토록 그림에 미치게 만들었는지 궁금해졌다. 그 해답의 실마리는 이후 고갱의 삶을 바탕으로 쓴 한 권의 소설에서 찾을 수 있었다.

서머셋 몸의 소설 《달과 6펜스》는 주인공인 화자가 우연히 알게 된 어느 이름 없는 화가의 이야기다. 화가 스트릭랜드는 그전에 주식 중개인으로 살던 사람이었다. 금융업에 종사하는 그는 숫자와 계산에 익숙한 인물이었다.

어느 날 그는 홀연히 사라진다. 가족들에게도 아무 말 하지 않고 훌쩍 떠나버린다. 그는 가족을 포함해 모든 것을 버리고 오로지 그림을 그리기 위해 파리의 어느 뒷골목으로 종적을 감춘다.

결국 소위 잘나가던 사람이 갑자기 자신의 풍요로운 삶을 버린 채 부랑자로 살아가겠다고 결심했다는 이야기. 소설이니까 가능한 비현실적인 설정이라고 생각했다. 다행히 소설 속에서는 나와 같은 생각을 가진 화자가 이야기를 이끌어나가며 스트릭랜드를 이해할 수 있는 단초를 제공해주었다. 화자는 그에게 물었다. 왜 화가가 되려 하느냐고.

"나는 그림을 그려야 한다지 않소. 그리지 않고서는 못 배기겠단 말이오. 물에 빠진 사람에게 헤엄을 잘 치고 못 치고가 문제겠소? 우선 헤어 나오는 게 중요하지. 그렇지 않으면 빠져 죽어요."

무릎을 칠 수밖에 없는 대목이었다. 빠져 죽지 않으려고 그림을 그리는 것이었다. 돈을 잘 벌거나 유명해지기 위한 것이 아니었다. 그렇다면 나는 지금 빠져 죽지 않기 위해 부여잡고 있는 것이 있을까. 헤엄을 잘 치기 위해 버둥거리고 있는 건 아닐까.

나는 소설 속에 등장하는 스트릭랜드와 그가 그린 작품 세계를 깊이 이해하기 위해 스트릭랜드의 실제 모델인 고갱의 그림을 좀 더 찾아봤다. 그러면서 이제껏 느껴왔던 것과는 사뭇 다른 감정을 느꼈다. 강렬한 색채의 근원이 무엇인지 좀 더 흥미롭게 들여다보게 되었다. 소설에서 "그림을 그리지 않고서는 못 배기겠다"는 스트릭랜드의 고백이 어떤 심정에서 우러나온 것인지 어렴풋이나마 알게 되었다. 그리고 스트릭랜드처럼, 고갱처럼 내게도 뭔가를 하지 않고는 못 배길 만큼 간절한 것이 있는지를 곱씹게 되었다.

‹ **이지성** 작가의 **멘토링** ›

- ▶ 생각이 전부다. 생각을 하려고 독서를 하는 것이다.
- ▶ 독서의 진정한 힘은 생각하고 질문하는 것에서부터 비롯된다.
- ▶ 생각을 공유하는 토론을 하라.
- ▶ 문학, 철학, 역사, 예술 등 균형 잡힌 독서를 하며 폭넓은 경험을 쌓아라.
- ▶ 독서와 더불어 음악과 그림 등 예술 작품을 다양하게 경험하는 것이 생각의 힘을 더욱 키워준다.
- ▶ 독서 토론에서 리더를 맡아라. 듣는 것과 가르치는 것의 차이가 크다. 가르치는 것을 통해 생각의 힘을 키울 수 있다.
- ▶ 인문고전 독서는 고상한 취미가 아니다. 인문학을 읽고 실천하는 사람들은 타인에 대한 사랑을 실천하기 위해 치열한 삶을 산다.

독서와 음악, 독서와 그림은 이해의 폭을 넓히는 데 상당한 도움을 주었다. 그즈음 세계적인 건축물이나 예술사진, 조각상 등을 보면서

작가님과 토론하기도 했다. 지식이 얕아 깊은 대화를 나누지는 못했지만 은근히 재미있었다. 작품을 더 이해하는 과정인 동시에 생각의 근육도 키워주는 과정이었다.

작가님은 독서가 생각하기 위해서 하는 것이라고 했다. 단순히 지식이나 정보를 쌓기 위한 것이 아니란 말이었다. 그렇다. 폴더에 지식을 차곡차곡 정리해두는 것만으로는 부족하다. 쌓인 지식이 서로 연결되면서 새로운 가치를 만들어낼 수 있어야 한다. 그러려면 생각 과정을 거쳐야 한다. 알고 싶은 정보가 있다면 무턱대고 외울 게 아니라 "왜?"라는 질문을 끊임없이 해야 한다. 책의 내용을 이해하려면 책을 쓴 저자의 의도에 대해서 궁금함을 가져야 한다. 이 모두가 생각 과정이다.

가끔 나는 책만 읽다가 평생을 보내지는 않을지 걱정하기도 한다. 고리타분한 이론만 붙들고 현실을 살아가는 건 아닌지 불안할 때도 있다. 생각의 힘을 깨닫지 못했기 때문이다. 책을 보고 생각의 알고리즘을 키워나가는 일은 그동안 살아온 자신의 삶에 대한 반성이자 앞으로 변화할 모습에 대한 희망이다. 진짜 독서에서 지적 허영이나 고상한 취미를 찾을 겨를은 없다.

또 인문학에서 빼놓을 수 없는 게 역사다. 그런데 시중에는 애국심을 자극하는 역사책들이 참 많다. 허황된 신화나 국수주의에 기댄 책들을 곧이곧대로 받아들이다가는 또 다른 편견과 아집을 낳을 수 있다. 생각 없이 읽는다는 게 이토록 무서운 일이다.

　내가 처음 역사에 관심을 가진 것은 인류가 오랫동안 어떤 본성을 보여왔는지 궁금해서였다. 역사의 맥락을 짚어가며 인간의 본질을 알고, 자연스레 현재의 내가 어떻게 살아가고 있는지 반추하는 게 필요했다. 이런 과정 속에서 나만의 생각이 정리되었다.

　한번은 역사를 좋아하는 한 사람을 만났다. 평소 책 읽기를 좋아해 잘 알고 지내는 사이였다. 그는 연예계 사람이기도 했는데 내가 혀를 내두를 만큼 해박한 역사 지식을 가지고 있었다. 다만 자신이 몸담은 곳에 대해서는 매우 냉소적이었다.

　"이쪽은 워낙 극소수만 성공할 수 있어요. 자기계발서에서 말하는 열정이나 노력 따위는 의미가 없죠."

　"그럼 열정이나 노력 없이 어떻게 성공할 수 있나요?"

　"현실적으로 해결하는 거죠. 소속사를 잘 만나거나 아니면 업계의 높은 사람에게 돈다발을 안겨주면 금방 떠요."

　연예인으로 성공하는 것이 얼마나 어려운지는 누구나 안다. 수많은 사람들이 도전하지만 정말 극소수가 좁은 관문을 들어간다. 그도 주변의 관심이나 처음의 기대와 달리 자기 존재를 많이 알리지 못해 힘들어하고 있었다. 그래서 자기 일에 회의적일 수밖에 없었을 것이다. 하지만 그 생각이 지나치다는 게 문제였다. 그는 열정과 노력보다 꼼수와 요령으로 성공할 수 있다는 생각을 버리지 못했다. 물론 그렇게 이득을 취하는 경우도 분명 있다. 하지만 길게 가지 못한다. 성공을 유지하는 게 쉽지 않기 때문이다. 그렇게 반짝 성공한 사람은 사람들의 뇌리에서 흔히 사라진다. 이건 연예인뿐만 아니라 일반인, 기업도 마찬가지다.

한편으로는 그의 말이 의아했다. 역사를 좋아하고 그래서 역사책도 많이 읽는 사람이 할 말은 아니라고 생각했기 때문이다. 역사는 꼼수와 요령에 해답이 있다고 결코 말하지 않는다. 오히려 그렇게 성공하는 것이 부질없음을 역사는 무수한 사례로써 역설한다. 한때 빛났지만 비통한 말로를 맞은 사람이 역사 속에는 수없이 등장하지 않는가. 이것을 역사책을 통해 충분히 잘 알고 있을 그가 이런 이야기를 하는 게 걱정스러웠다. 그동안 너무나 많은 실패를 겪어왔기 때문일까.

그의 현실적인 아픔을 이해 못할 바는 아니었다. 다만 역사 지식을 아는 데만 그치지 않고, 그 역사를 삶과 연결시키고 성찰하려는 태도가 준비되어 있었더라면 어땠을까. 생각 과정을 거치지 않은 독서는 위험하다는 것을 다시 한 번 깨달은 순간이었다.

미국 최고의 사립대학들은 대체로 인문고전을 읽고 토론하는 수업을 한다. 굳이 치열하게 토론하는 것을 수업 과정으로 넣은 것은 책을 읽고 생각하고 어떻게 살 것인지를 고민하라는 뜻이다. 주류 사회의 일원으로서 적당히 독서 목록만 채우며 살아도 된다. 그러나 우리는 시키는 대로 하는 노예가 아니다. 책은 읽는 것만으로 끝을 내서는 안 된다.

독서를 하고 토론을 하는 이유는 사고력, 즉 생각의 힘을 키우기 위함이다. 남이 보지 못하고 알지 못하는 것을 깨닫게 해주는 힘은 남다른 생각으로부터 비롯된다. 독서 근육에 이어 사고력을 키우지 못하면 말 그대로 수박 겉핥기밖에 되지 않는다. 남다른 생각은커녕 책에서 읽은 내용조차 자신의 것으로 만들지 못한다.

책을 읽는다는 것은 생각을 한다는 뜻이다. 그 생각을 토론 때 주고받는 것이고, 자신의 삶을 어떻게 바꿀지 절박하게 고민할 때 활용할 수 있다. 그러니 절실하게 읽고 생각하자.

읽고 생각하고 질문하라

책을 읽고 삶에 적용시키기란 생각만큼 쉽지 않았다. 그때 찾은
곳이 공연장과 전시회였다. 생각의 폭이 넓어졌고 왠지 모르게
더 깊이 알고 싶다는 욕구가 솟구쳤다. 다시 책을 찾았다. 책이
삶에 저절로 스며들었다. 독서의 힘이었다.
이때 읽었던 책들은 입체적인 생각을 할 수 있도록 도와주었다.
책과 현실을 오가며 진짜 내 것으로 만들어갈 수 있었다.

| 달과 6펜스 | **서머셋 몸** |

문사철文史哲을 기준으로 고른 책이다. 폴 고갱의 전시회를 다녀온 뒤에 읽
었던 소설이다. 고갱의 그림 세계뿐만 아니라 인간의 삶과 사람의 본성까지
이해하고 싶어 책 읽기를 시작했다. 개인의 행복과 일에 대한 열정 중 무엇
이 우선되어야 하는지를 고민하게 했다.

| 시크릿 뮤지엄 | **김진엽 외** |

예술의 전당에서 처음 음악회를 접하고 나서 문화 예술에 더 관심이 생겨
찾은 책이다. 그림과 함께 친절한 설명이 덧붙어 있어 쉽게 접근할 수 있도
록 도와주었다. 더 이상 예술이 남의 전유물처럼 보이지 않게 되었다.

| 이야기 중국사 1~3 | 김희영 |

텔레비전에서 다큐를 보고 나서, 중국을 조금 더 이해하고 싶어 읽은 책이다. 제왕들의 흥망, 권력관계와 권모술수 등을 보며 성공이 결단코 쉽지 않음을 깨달았다.

| 조선 상고사 | 신채호 |

우리나라 역사에 대한 인식이 무지하던 차에 작가님이 선물해준 책이다. 단재 신채호의 역사서로, 중국의 《사기》를 쓴 사마천을 떠올리게 했다. "역사를 잊은 민족에게 미래는 없다"는 말이 지금 대한민국의 모습을 꾸짖는 것처럼 씁쓸하게 와 닿았다.

꒐ 독서로 성장한 롤 모델을 찾다 ꒐

독서를 통한 성장은 온전히 자신의 노력 여하에 달려 있다. 그런데 무작정 책을 많이 읽고 생각을 많이 한다고 해서 올곧게 성장이 이루어지는 것은 아니다. 게다가 혼자서 수행하듯 하는 독서는 힘들 때가 많다. 그럴 때는 독서의 동력이 멈추지 않도록 자극해야 한다.

나는 다행히도 닮고 싶었던 사람들을 만나는 것으로 자극을 받을 수 있었다. 특히 독서를 통해 자신의 길을 개척한 사람들을 만나는 것은 큰 도움이 되었다. 지속적인 독서로 삶의 기회를 찾고 현재의 성공을 유지하는 사람들을 눈으로 직접 보니 동기부여의 효과가 클 수밖에 없었다.

독서를 하면서 가장 눈에 띈 변화는 바로 만나는 사람들이 바뀐 것이다. 그동안은 회사 동료들, 거래처 사장 정도가 전부였다. 하지만 이지성 작가님을 알게 되고 책을 꾸준히 읽기 시작하면서 전혀 예상치 못한 사람들을 하나둘 만났다.

"이번에 알게 된 분인데, 너한테 도움이 될 거야."

"아, 어떤 분인데요?"

"일단 강연장으로 가자. 근데 단순한 강연회가 아니야. 중소기업을 운영하는 분들을 대상으로 하는데 모두 남다른 성공 스토리가 있는 분들이야. 그들과 함께하는 자리라니 가보자. 너도 사업을 시작했으니 많은 도움이 될 거야."

그날은 이전까지의 모임이나 행사와 달랐다. 카메라를 들고 조용히 있는 듯 없는 듯 지켜보기만 했던 나로서는 긴장될 수밖에 없었다. 가뜩이나 낯을 가리는 성격이라 뭔가 실수라도 하지 않을까 걱정이 앞섰다.

이 자리에 가서 나는 《마법의 5년》의 문준호 저자를 만났다. 그와의 만남은 자칫 독서에 오만한 생각을 가질 수 있었던 당시 나에게 적절한 자극이 됐다. 그의 하루는 끊임없는 학습의 연속이었다. 차 안에는 자기계발 강의 CD가 200여 장이나 항상 구비되어 있었다. 출퇴근하는 동안 라디오나 음악을 듣는 것보다 강의를 들으며 잠시라도 공부를 한다고 했다. 성공한 사람들의 노력은 아직까지 내가 넘볼 만한 수준이 아니었다.

그는 이지성 작가님을 춘천에 있는 자신의 회사 연수원으로 초대했다. 나도 마침 《마법의 5년》을 읽고 난 후라 흔쾌히 동행에 나섰다.

온라인 광고대행사를 성공적으로 경영하고 있는 그에게 영업에 대해 물어봤다. 답은 기발한 비법이 있다기보다 집중과 몰입이었다. 일에 집중하고 몰입하는 것이 기본이라고 강조했다.

누가 봐도 성공의 가도를 달린다고 볼 수 있지만 그는 배움에 게을리하지 않았다. 또 배운 것을 직원들과 공유했다. 이는 매우 큰 의미가 있었다. 한 방향을 향해 모두가 움직이고 차근차근 내실을 채우게 되는 것이므로 개인이나 회사나 원원할 수밖에 없었다.

기껏해야 수영장 100미터를 완주한 주제에 한강을 건너는 사람을 만나니 주눅이 들었다. 습관화된 강의 청취와 엄청난 독서량도 놀라웠지만, 책을 읽은 만큼 노력을 하고 스스로의 한계를 뛰어넘으려는 모습이 경이감마저 들었다.

"부끄러워 죽는 줄 알았습니다."

"어떤 부분이?"

"대화를 나누다 보니 예전 생각이 나더라고요. 고등학교 때 공부도 제대로 하지 않으면서 마음만 먹으면 대학 갈 수 있다고 착각했었어요. 철없던 시절인데, 아직까지도 그런 마음가짐이 남아 있는 것 같아서요."

학창 시절, 나는 친구들과 노는 데 더 관심이 많았다. 지금은 실컷

놀고 나중에 열심히 공부하면 된다고 안이하게 생각했다. 결심은 차일피일 미뤄졌고, 뒤늦게 입시 준비를 시작했을 때는 이미 다른 친구들을 도저히 따라갈 수 없을 정도가 되었다. 그런데 여전히 난 간절하지 않았다.

내가 시간을 허비하는 동안 그 사람들은 책에서 자신의 길을 찾으려 애쓰고 있었다. 그리고 자신만의 성공 법칙을 만들어냈다.

처음 사업을 하겠다고 나섰던 것은 순전히 독서 덕분이었다. 독서를 통해 새로운 인생을 살겠다는 마음으로 시작했다. 그러나 지금 만난 사람들처럼 그 이후에도 절박하게 독서를 했는지 묻는다면 부끄러울 따름이다.

이때《성공하는 사람들의 독서 습관》이란 책이 도움이 됐다. 책에 나오는 사람들은 문준호 대표처럼 취미를 넘어 생존의 방식으로 독서를 하고 있었다. 어쩌다 시간이 나서 책을 읽는 게 아니라 절실하게 현재와 미래의 해답을 구하려고 했다.

나는 다시 초심으로 돌아가야겠다고 생각했다. 독서 생활 이전의 나는 좁은 우물 안에서 바라보는 하늘이 전부인 줄 알았다. 내가 관심을 두는 것이라고는 돈이 된다는 정보, 곧 주위의 얄팍한 속삭임이 대부분이었다. 한때 롤 모델이던 예전 직장의 팀장님 말고는 귀를 기울이고 행동을 유심히 지켜볼 사람도 없었다. 그마저도 회사를 나오고 나니 고립무원의 처지가 되고 말았다. 그러다가 작가님을 만나 독서를 다시 시작하는 과정에서 내 귀와 눈을 가리던 가리개를 걷어낼 수 있었던 것이다.

한참을 책 속에 파묻혀 지냈던 것은 누군가의 강요 때문이 아니었다. 내가 하는 일에 필요한 지혜와 길을 찾겠다는 생각이 책을 펼치게 했다. 단기 이익의 유혹보다 모두가 함께 행복해질 수 있는 방법을 찾아야만 했고, 또 그 방법을 실제로 구현하고 싶었다.

일이 잘 풀리지 않거나 직원들과의 관계가 삐걱댈 때마다 책에서 많은 도움을 받았다. 그런데 정작 꾸준하지가 못했다. 때론 바쁘다는 이유로, 또는 적용할 게 없다는 이유로 핑계를 대기도 했다. 책을 계속 읽어야 한다는 말은 그냥 하는 말이 아니었다. 그때그때 책을 통해 길을 보고, 또 관계를 상생으로 만들어가라는 의미였다.

작가님의 소개로 실제 사업을 하는 사람 중에 롤 모델을 만날 수 있어서 기뻤다. 다소 느슨해 있던 나를 채찍질할 수 있는 계기가 되었으니 말이다.

독서로 성장한 롤 모델을 찾기 위해 예전에 읽었던 세종과 정조의 독서법 책을 다시 꺼내들었다. 병석에서도 책을 찾는 세종 때문에 신하들은 책을 숨기기 바빴다고 한다. 무엇 때문에 그랬을까. 그의 업적을 보면 대충 짐작할 수 있다. 돌이켜보면 나는 세종처럼 절실하게 책을 찾지는 않았던 것이다.

▶ 독서로 뜻을 이룬 사람들을 공부하고 또 만나라.

▶ 독서로 성장한 사람들을 찾아 자신의 현재를 평가한다. 왜 자신의 삶이 변하지 않는지, 또 진정한 변화가 이루어지고는 있는지 곰곰이 생각해 봐야 한다.

▶ 잘못된 독서와 독서 토론은 오히려 성장을 막는다.

다시 내가 하는 일과 관련한 책을 찾아 읽었다. 여러 사람들의 우수한 리더십, 조직을 운영하는 독특한 노하우 등이 책에 다 들어 있었다. 회사의 경영 방침을 분명히 세우기 시작했다. 그리고 직원들에게 원칙 경영과 품질 경영을 앞세워 강조했다.

"우리가 하는 사업은 고객의 자산과 직접 연관이 있습니다. 그래서 더욱더 정직해야 합니다. 불과 몇 년 뒤를 보지 못하는 상품을 소개해서는 안 됩니다. 결국 원칙과 품질입니다."

내가 하는 사업은 고객의 생활을 지켜주는 재정 관리와 밀접한 관계가 있었다. 고객이 보유한 금융 자산을 컨설팅하는 일이다. 한 번 물건을 팔고 대금을 받는 것과는 다르다. 그렇기 때문에 한 번의 계약으로 무조건 실적만 올리는 것은 서로에게 위험하다. 고객에게 피해를 줘서도 안 되겠지만, 회사의 신뢰에 금이 가는 것도 조심해야 한다. 원칙과 품질은 내가 롤 모델로 삼고 있던 사람들의 공통된 사업 방침이기도 했다.

금융 분야 책을 살펴보면 '한 방에 끝내는 투자 비법' 같은 문구가 종종 사람들을 현혹시킨다. 돈을 왕창 벌 수 있다거나 혹은 자기 자신만 아는 비밀 전략을 공개한다는 느낌으로 마케팅한다. 여기에 넘어가지 않고 직접 롤 모델을 만나고, 견실한 중소기업을 일군 사람들을 만난 건 정말 잘한 일이었다.

"교육의 질은 교사의 질을 뛰어넘지 못해. 문장이 아무리 좋아도 그것을 제대로 해석하지 못하고 기계적으로 외우게 만드는 교사 밑에서 훌륭한 제자가 나올 수 있을까? 올바른 교사가 우선인 거야."

"맞는 말씀이에요."

"최근에 만난 사람들을 교사라고 생각해봐. 어떻겠어?"

"그러네요. 회사를 리드하는 대표의 질이 곧 회사의 품격과 질을 결정하는 거죠."

사업을 시작하겠다는 사람들 중에 그 질을 의심케 하는 이들이 많다. 당장은 수완이 있어 규모가 커질 수도 있고 돈을 많이 벌 수도 있다. 하지만 대표의 탐욕이 먼저라면 그 탐욕은 고스란히 직원들에게도 이어진다. 윗물이 맑아야 아랫물이 맑다는 성언은 그냥 나온 게 아니다. 대표가 온갖 편법에 익숙하거나 혹은 사람을 함부로 생각한다면 직원들도 똑같이 행동한다. 과연 그 직원들은 대표 밑에서 올바른 가치관을 배울 수 있을까.

얼마 전 명퇴를 거부한 직원에게 책상에 앉아 벽만 바라보게 한 비인간적인 처사로 물의를 빚은 국내 굴지의 기업을 보며 혀를 끌끌 찬 적이 있다. 그 회사에 함께 다니는 직원들은 이 사건을 어떻게 보았을까. 부조리와 탐욕에 익숙한 경영은 회사를 결국 파탄으로 몬다. 대표가 진정한 롤 모델이 되어주지 못하면 직원도 같이 망한다.

⸙ 성숙한 롤 모델을 찾아라 ⸙

시간이 흘러도 경영은 여전히 쉽지 않았다. 직원들이 대표처럼 고민하고 일할 리 만무한데도 나는 욕심이 지나쳤다. 아쉬운 소리만 해댔다. 그때, 사업을 견실하게 일군 리더들을 만나 직접 이야기를 들어봤다. 나와는 달랐다. 고민의 지점도 달랐고 생활 패턴도 달랐다. 존경심이 일었다. 나도 그들처럼 누군가에게 롤 모델이 되고 싶었다.

그때부터 대표인 내가 바뀌어야 회사가 산다고 생각하기 시작했다. 이 책들을 읽고 나서 사람이 먼저라고 생각하게 됐다.

| 이병철의 기업가 정신 | 야지마 긴지 |

삼성이라는 글로벌 기업을 만든 배경에는 독서가 있었다는 것을 작가님에게 듣고 나서 이병철 회장과 관련된 책을 읽기 시작했다. 경영에 대한 생각을 새롭게 정립시켰다. 난 어떤 경영자의 모습을 꿈꾸는지 생각하게 됐다.

| 생각하는 인문학 | 이지성 |

인문고전 독서를 통해 위대한 업적을 이룬 사람들의 독서법에 관한 책이다. 성공하기 위한 공부가 아닌 생각하기 위한 독서에 대해 깨달음을 얻었다.

| 정선 목민심서牧民心書 | 정약용 |

다산 정약용 선생이 유배지에서 쓴 책으로, 백성을 위한 정치를 해야 하는 공직자들에게 주는 실무적이고 기능적인 지침서다. 이론만이 아닌 구체적 실행 방법과 방향까지 세세히 적혀 있다. 공부의 참된 의미를 생각하게 해준 책이다.

| 성공하는 사람들의 독서 습관 | 안계환 |

책 읽을 시간이 없다는 핑계가 얼마나 민망한 말인지 깨닫게 해준 책이다. 이 책을 읽는 순간 자신이 독서를 얼마나 가볍게 생각하고 쉽게 생각하는지 반성할 수 있을 것이다. 독서는 취미가 아니라 생존이라는 것을 일깨워준다. 독서를 습관화한 대표적인 인물들을 살펴보며 독서 경영에 대해 한 수 배웠다.

| 율곡 이이 평전 | 한영우 |

이이의 삶 앞에서 숙연해지는 건 나뿐일까. 비슷하게 흉내라도 낼 수 있을까. 여러 생각이 들게 만들었다.

| 조선을 구한 13인의 경제학자들 | 한정주 |

예나 지금이나 성공에 대한 올바른 방향성을 설정해두고 실천한 분들이 있다. 그들을 보며 나 역시 어떻게 성공하고, 어떻게 나누며 살지를 생각하게 되었다. 우리나라에 이토록 훌륭한 경제학자들이 있다고 생각하니 왠지 뿌듯함이 들었다.

| 월드 클래스 공부법 | **박승아** |

독서를 좋아하는 것을 넘어 책을 소중히 한다는 게 무엇인지 보여준 책이다. 예일대 입성기를 그린 내용이지만, 공부 잘하는 방법만 보여주는 게 아니라 독서를 통해 스스로 성장하는 모습도 볼 수 있어서 새로운 자극이 됐다.

| 탈무드 | **마빈 토카이어** |

유대인들의 교육법에는 독서 토론이 빠지지 않는다. 왜 그들이 세계에서 가장 영향력 있는 민족인지 그 지혜와 처세를 배울 수 있는 좋은 기회가 됐다. 그들의 생각하는 방식을 배웠다.

| 내가 보고 싶었던 세계 | **석지영** |

세계 최고의 천재들이 모여 있는 하버드대. 이곳에서 가르치는 교수는 어떻게 독서를 하는지 궁금해서 읽은 책이다. 아시아 여성 최초 하버드대 종신교수로서 오늘날 그녀의 바탕이 된 인문학 기본기와 자기 단련의 과정이 자세히 녹여져 있었다.

〉반복, 필사, 사색, 토론, 쓰기 〈

책을 읽는 게 독서의 전부는 아니다. 독서의 숙련도는 책을 읽는 습관에서 나아가 일련의 사고 과정을 거치는 것으로 이루어진다. 영국의 시인 윌리엄 워즈워스는 "책은 한 권 한 권이 하나의 세계"라고 했다. 하나의 세계를 이해하는 것은 단 한 번 읽는 것으로는 거의 불가능하다. 그럼 어떻게 해야 할까.

책 속에 담긴 세계를 이해하려면 우선 반복 읽기와 중요한 구절의 베껴 쓰기를 통해 내용을 파악해야 한다. 그 후 저자가 왜 이런 세계를 보여주려 했는지 사색하고, 자신의 생각을 타인과 교감하며 논의하는 토론을 거쳐야 한다. 이 과정을 모두 거치고 나면 그제야 저자가 보여주려고 했던 세계가 보인다. 이제 자신이 본 세계를 정리하는 쓰기의 과정만이 남는다.

반복해서 읽는 것부터 시작해 쓰는 것까지의 과정은 하나의 세계를 이해하는 탐구의 과정이다. 그런데 요즘은 긴 호흡을 갖추고 독서를 할 수 있는 분위기가 아닌 것 같다.

"오늘 지하철을 타고 오는데 제가 탄 칸에는 책 읽는 사람이 단 한 명도 없더군요. 조용하긴 해요. 다들 뚫어져라 스마트폰만 보느라. 게임하거나 인터넷 검색하거나 둘 중 하나겠죠, 뭐. 기분이 참 묘했어요."

미팅 때 만난 분이 지나가는 말로 지하철의 풍경을 이야기한 적이 있었다. 핸드폰 보는 게 뭐 어때서 그리 호들갑인가 싶기도 했다. 하지만 그는 그 자체를 비판하는 게 아니었다.

"폰에서 눈을 떼지 못하는 사람들을 보면 가끔 좀비를 보는 것 같은 기분이 들 때도 있어요."

"좀비요?"

"네, 작은 화면에서 나오는 불빛에 사람들의 얼굴이 비치잖아요. 아무 생각도 없어 보이고 어쩌다 킥킥대는 모습이 좀 그래요. 30여 분 동안 한 번도 고개를 들지 않는 사람도 봤어요. 생각하는 인간이 아니라 말초적인 자극에 반응하는 인간인 거죠."

지나친 비유가 아닌가 싶었지만 듣다 보니 틀린 말은 아니었다. 출퇴근할 때 말고도 이동할 일이 있을 때마다 지하철을 이용하는 그는 그런 사람들을 수없이 마주했을 것이다. 하루 24시간이 모자랄 만큼 바쁜 현대인의 삶이라지만 무의미하게 버려지는 시간도 많다고 생각했을 것이다. 요즘 사람들은 긴 호흡을 하는 독서보다 찰나의 위로를 더 받고 싶은지도 모를 일이라고 생각했을 것이다.

독서는 생각할 수 있는 시간을 제공한다. 즉 책 안에 담긴 의미를 생각하게 한다. 상상을 해보기도 하고, 나에게 위로가 되기도 하고, 내 일에 도움이 될 만한 실마리를 찾기도 한다. 그래서 자투리 시간이 생길 때마다 읽으려고 노력하는 모습은 좋은 것이다. 지하철에서 모두가 폰을 들여다볼 때 홀로 책을 읽는 것은 생경하게 보일 수도 있다. 개의치 말자. 내 시간이다.

책과 친해지기만 해도 일상에 많은 변화가 일어난다. 생각의 폭이 넓어지며 인간관계도 긍정적이고 성실하게 바뀐다. 그런데 계속해서 강조하지만, 책을 많이 보는 것만으로 독서가 끝나는 게 아니다. 100권을 읽었다고 자랑하지만 그 입에서 나오는 이야기는 책을 요약하는 것에 지나지 않는다. 대체 자신의 삶이 어떻게 바뀌었는지는 알 수 없는 경우가 많다. 또 시간이 많이 지나면 각각의 책에 대해 제대로 잘 기억하지도 못한다. 물론 인간의 기억력에는 한계가 있다. 어떻게 모조리 기억할 수 있겠는가. 그렇지만 때로 실적 올리듯 책 읽는 모습을 보면 아쉬움이 남을 수밖에 없다.

어릴 적 선생님들은 왜 책을 읽고 난 뒤에 독후감을 꼭 쓰게 했을까. 숙제로만 여겼던 사람들은 그냥 귀찮은 일쯤으로 생각했을지도 모르겠다. 나도 학창 시절에는 책과 거리가 멀었으니 독후감에 대한 기억이 좋았는지 나빴는지 딱히 떠오르지 않는다. 다만, 분명 그때 읽었던 책들은 있는데 인상적으로 남은 게 없다. 그저 읽으라고 해서 읽었기 때문이다. 형식적인 읽기였다. 책장을 덮는 순간 '다 읽은' 책이 되어 내 곁에서 떠나보낸 것이다.

결국 읽지 않은 것과 다를 게 없다. 기억력을 탓하기보다 제대로 읽지 않은 잘못된 독서 습관을 탓해야 한다. 책을 읽고 나서 자신이 느낀 것을 바로 정리해보는 일은 생각의 힘을 키우는 과정이다. 이 생각을 통해 책에 담긴 지혜를 자신의 것으로 흡수할 수가 있다. 구체적인 문구가 기억나지 않아도, 책을 통해 자신이 깨닫고 고민해야 할 주제가 떠올라 정리하기 시작했다면 제대로 '읽었다'고 할 수 있지 않을까.

작가님이 《논어》 교육을 준비하시는 과정을 옆에서 지켜본 적이 있었다. 처음에는 《논어》에서 흔히 언급되는 문구들을 정리하는 줄로만 알았다. 그런데 한 글자 한 글자에 따른 해석을 꼼꼼히 비교하면서 정리하는 게 아닌가.

"그걸 하나하나 다 정리하시는 거예요?"

"제대로 가르치려면 그래야지. 아, 힘들다. 이렇게 정리할 게 많은데 언제 다 끝낼 수 있을까? 이 구절의 의미를 교사들에게 제대로 전달하려면 어떻게 해야 할까? 여기에 인仁이라는 글자가 들어가야 했던 이유는 무엇일까?"

공자가 이런 말을 전달하기 위해 왜 이 단어를 선택했는지를 이해하려고 머리를 싸매며 고민하고 있었다. 진짜 맥락을 파악하기 위해 한 글자를 몇 시간씩 보고, 한 쪽을 일주일간 연구하기도 했다.

"《논어》를 번역한 다른 책이 또 뭐가 있더라? 맞아. 번역서마다 해석이 조금씩 다르기도 하니까 한 권만 봐선 안 돼. 의역이나 오역도 있어서 늘 교차 검색을 해야 본래의 뜻을 짐작할 수 있어."

책을 많이 보는 작가님도 그토록 파고드는 것을 보면서 혀를 내두를 수밖에 없었다. 대략 의미를 파악하기만 해도 될 텐데 타협하지 않는다는 건 아마도 두 가지 때문일 것이다. 먼저 《논어》 교육을 제대로 하겠다는 것과, 그 순간에도 독서를 통한 공부 태도를 보여주겠다는 뜻이다.

다독으로 독서 근육을 만들고 다른 분야와의 다양한 접목으로 생각 트레이닝을 한 것만으로 다했다고 착각하면 안 된다. 독서 습관 노트와 필사 노트를 만들어 좀 더 체계적인 과정을 구축할 필요가 있다. 몇 번 읽고 거의 포기하다시피 했던 《논어》를 다시 꺼내든 건 독서 행위의 프로세스를 다시 구축하겠다는 의지 때문이었다. 이해될 때까지 읽고, 베끼고, 사색하고, 토론하면서 내가 얻은 깨달음을 정리해 내 식으로 쓰는 것까지 해보고 싶었다. 단순 다독을 반독으로

서서히 바꾸면서 《논어》 100번 읽기에 나섰다. 시간이 될 때마다 보려고 플래너에 제본을 철해놓고, 언제 어디서나 읽을 수 있도록 갖고 다녔다.

그즈음 사무실 책상에 있는 독서대에는 늘 《논어》가 펼쳐져 있었다. 출근하자마자 《논어》부터 읽고 하루를 시작했다. 고리타분하게 《논어》를 읽느냐는 소리도 몇 번 들었다. 내가 좋으니 상관없었다. 읽을 때마다 필사해야 할 대목도 늘어나고 또 사색할 거리도 많아졌다. 책 한 권을 가지고 토론할 때가 꽤 있었고 그때마다 쓰는 주제도 달랐다.

우선, 필사의 효과는 글쓴이의 생각을 정리할 수 있다는 것이다. 저자의 의도와 맥락을 파악하기 위해 애썼지만 처음 읽을 때는 그게 쉽지가 않았다. 그러다 눈에 들어오는 내용부터 필사하기 시작하면서 책이 말하고자 하는 걸 귀담아들을 수 있게 되었다.

특정 문구나 내용을 그대로 필사한 뒤에는 반드시 내 생각을 적어 두었다. 예컨대 《논어》의 "배우고 때때로 익히면 또한 즐겁지 아니한 가學而時習之 不亦說乎"라는 구절을 필사하고 나서 실제로 그런 경험과 감상을 적어보는 것이다. 외워두면 좋을 것 같아서 메모하는 게 아니라 구절의 맥락과 의미를 내 것으로 만드는 과정이다. 그래야 그 책은 내 삶에서 조금이나마 펄떡이고 숨 쉰다.

또 사색은 맹목적인 믿음을 경계하기 위함이다. 아무리 좋은 내용이라도 무조건 믿는 것은 위험하다. 가급적 다른 생각도 정리해보면 책을 이해하는 데 도움이 된다. 바둑을 복기하듯 다른 논리와 메시지로 수를 둬보는 것이다. 이런 사색은 혼자만의 시간과 공간에서 이루어지는 것이 가장 좋다. 하지만 하루 종일 직장에서 생활하고 퇴근 후 가족과 함께 지내는 경우라면 이런 공간을 마련하기가 어렵다. 이럴 때 자투리 시간을 잘 활용해야 한다. 출퇴근 시간 지하철이나 버스 안에서는 혼자 오가는 경우가 많다. 욕실에서도 짧은 시간이나마 혼자 있을 수 있다.

《대학·중용》을 읽으며 수신제가의 의미를 되돌아보았다. 그리고 진정한 사색은 지식의 자랑이 아니라는 것을 깨달았다. 필사와 사색을 통한 자기 성찰은 내 인생과 일에 대한 태도를 가다듬는 수련이라는 것을 알았다.

필사와 사색은 이후 토론의 과정을 좀 더 풍부하게 만든다. 토론을 하면 다양한 생각을 이해하고, 다소 색다른 견해도 밝힐 수 있거나 포용하게 된다. 다만 너무 추상적인 토론은 주의해야 한다. 서로 토론하면서 생각을 공유하는 것은 현실에서 변화를 일으킬 만한 계기를 함께 찾는다는 의미여야 한다. 토론은 지식을 자랑하는 자리가 결코 아니다. 현실적으로 깨달음을 적용할 수 있는 방법을 찾는 토론이 필요하다.

토론은 매우 중요하다. 알게 모르게 견고해진 아집을 깰 수 있는 좋은 기회이기도 하다. 하지만 종종 자기 논리를 강요하며 이기려는 모습을 본다. 토론이 아니라 거의 연설이다. 토론할 때는 두 가지의 목적을 잊어서는 안 된다. 첫 번째는 토론을 좀 더 심층적으로 이해하는 과정이라고 생각하는 것이다. 그 과정에서 자신이 미처 알지 못했거나 잘못 이해한 부분을 보완한다. 두 번째는 승부가 아니라 공감의 자리라는 것이다. 자기 의견을 나누는 시간이다. 상대방이 다른 생각을 말할 때는 그 맥락과 배경을 이해할 수 있어야 한다. 이해할 수 없는 속도로 산을 오른 사람을 보더라도 그가 남들과는 다른 경로를 선택해서 올랐다면 수긍할 수도 있는 법이다. 토론은 이해와 공감의 장이지, 승부의 장이 아니다.

독서 숙련도를 높이는 마지막 과정은 쓰기다. 글을 쓴다는 것은 독서 행위에서 가장 어려운 미션일 수 있다. 책을 읽고 생각하고 말하는 데는 익숙할지 모르지만 그것을 글로 표현한다는 것은 또 다른 일이다. 그러나 자기 생각을 정리하는 것만큼 확실히 기억에 남는 것은 없다. 일상에서 글을 쓸 수 있는 기회는 생각보다 많다. SNS의 등장으로 일기를 쓰지 않던 사람들조차 하루에 몇 번 언제 어디서나 글을 쓰며 자신의 일상을 기록하는 문화가 생겼다. 글은 쓰다 보면 실력이 는다. 짧게나마 자기 생각을 요약해보는 건 매우 중요하다. 이때는 나만 알고 덮어둘 게 아니라 누가 봐도 알 수 있는 글을 써야 한다. 쓰는 데 익숙해지면 차츰 분량을 늘려갈 수 있다. 그렇게 조금씩 꾸준히 쓰다 보면 어느덧 한 권의 책을 쓸 수 있는 수준까지 다다를 수도 있다.

반복해 읽고, 따라 써보고, 생각을 곱씹고, 사람들과 토론하고, 그리고 나만의 글을 쓰는 과정을 거치는 동안 나는 "아는 만큼 보인다"는 말이 무슨 뜻인지 정확히 이해할 수 있었다. 그때마다 책은 늘 다르게 다가왔다.

⑃ 고전, 내 것으로 만들기 ⑃

이 시기 독서의 폭이 넓어졌다. 깊이도 더해졌다. 제대로 체득해야겠다고 맘먹은 순간부터 동양 고전을 닥치는 대로 읽기 시작했다. 물론 서양의 고전 읽기도 멈추지 않았다. 이 중에서도 반복 독서, 필사, 사색, 토론, 쓰기의 다섯 과정을 거칠 때 가장 몰두했던 책들을 소개한다.

| 관자 | **김필수 외** |

중국의 위대한 인물들에게 가장 많은 영향을 끼친 책이라고 해서 읽었다. 읽고 또 읽고 반복해서 봐야겠다는 마음으로 100독을 시작했다. 그때마다 늘 새롭게 읽혔다.

| 한비자 | **김원중 역** |

사업에서 실수했을 때, 좌절을 겪었을 때 이 책을 봤더라면 얼마나 좋았을까. 제갈량이 유비의 아들 유선에게 권했던 책이라고 한다. 당시 제갈량이 왜 《한비자》를 읽었을지, 또 유선에게 왜 권했을지를 생각하며 역시 100독을 시작했다.

| 맹자 | **우재호 역** |

잘 드는 칼로 헝클어진 삼베를 자른다는 뜻의 쾌도난마快刀亂麻라는 말이 절
로 떠오른다. 맹자가 말하는 정치철학을 읽으며 통쾌함을 느꼈다. 읽을 때마
다 감동이 달랐다. 이 책도 100독을 시작했다.

| 대학·중용 | **김미영 역** |

수신제가 치국평천하修身齊家 治國平天下, 즉 몸을 닦고 집을 안정시킨 후 나라
를 다스리며 천하를 평정한다는 뜻인데 작가님과 자주 나눴던 대화 주제였
다. 주희의 책을 통해 그 철학을 되새겼다. 역시 100독을 시작했다.

| 군주론 | **신복룡 역** |

서양의 법치라고는 하나 군주의 역할과 책임에 대한 깊은 통찰을 느끼게 한
책이다. 마키아벨리가 당시 군주는 왜 그렇게 해야 한다고 생각하게 되었는
지 이유가 더욱 궁금했던 책이다.

살아있는 독서, 펀 리딩

스마트폰만 있으면 하루 종일 혼자 있어도 심심하지 않다는 문명사회다. 그런데 책은 이보다 더 큰 즐거움을 준다고 말하는 사람도 있다. 책을 읽는다는 건 정말 즐거운 일일까. "가장 발전한 문명사회에서도 책은 최고의 기쁨을 준다. 독서의 기쁨을 아는 자는 재난에 맞설 방편을 얻은 것이다"라는 랄프 왈도 에머슨의 말을 완전히 이해하기까지 걸린 시간이 제법 된다. 그의 말처럼 재난에 가까운 위기를 맞이했을 때 나는 알았다. 위기의 돌파구를 책에서 찾은 순간 희열은 너무나 컸다.

살아 있는 독서, 재미를 느낄 수 있는 펀 리딩은 독서의 숙련도에서 거의 마지막 단계에 도달한 것이라 볼 수 있다. 나도 이러한 재미를 느낄 즈음에야 더 이상 독서를 선택과 의무가 아니라 인생의 즐거움으로 받아들일 수 있었다.

사업을 한다는 것은 여러모로 개인의 능력을 의심하게 만든다. 매출이 조금 늘어나고 직원이 하나둘 들어오는 게 마냥 좋은 것만은 아니었다. 많아지고 커진 만큼 순수익도 증가해야 하는데 거의 제자리에서 맴돌고 있었다.

당시 회사는 합병으로 인해 몸집 부풀리기에 정신이 없었다. 규모 확장에 따른 경쟁력을 확보하고자 하는 나름의 경영 전략이라고 생각했다. 반대도 물론 있었지만, 스스로의 고집으로 밀고 나갔다. 외형 위주의 성장이었다. 하지만 근무 환경이나 문화가 서로 다른 직원들과의 문제가 불거지면서 영업 방식이 회사의 경영 이념과는 점점 멀어지기 시작했다.

사업이 뜻대로 풀리지 않자 나는 몸이 이상해지는 것을 느꼈다. 하루가 다르게 기운이 빠졌다. 이곳저곳 아픈 데가 생겨났다. 병원에 가서 치료를 받아도 별다른 효과가 없었다.

"음, 처방한 대로 약 잘 먹고 있는 게 맞아요? 지난번 왔을 때보다 나아진 게 별로 없네."

의사는 아무래도 스트레스 때문인 것 같다며 푹 쉬라고 말했다. 하지만 그럴 마음의 여유를 찾기 힘든 시절이었다. 사업을 당장 어떻게 꾸려가야 할지 막막하던 상황인데 맥없이 쉰다는 건 자존심이 허락지 않았다.

"잘 안 될 때도 있지. 뭘 그리 조급하게 생각해? 차분히 정리하다 보면 길이 보일 거야."

"작가님은 주로 재벌 3세나 대기업 경영자 같은 사람들만 만나봐서 잘 모르실 거예요. 저 같은 작은 기업의 경영자는 정말 매일매일 이 피가 마르는 나날이라 말이에요."

말해놓고 아차, 싶었다. 해선 안 될 말을 내뱉고 말았다. 위로하고 조언해주는 사람에게 외려 나 같은 사람의 입장을 모른다고 짜증을 내버렸다. 다행히도 작가님은 개의치 않는 듯 말을 이어갔다.

"그럼 한 가지만 질문할게. 우리는 왜 책을 읽는 것일까?"

"갑자기 또 책 이야기를……. 책 속에서 도움이 될 만한 것도 찾고 나 자신에 대해 생각도 해보고……."

"그럼 사업을 하는 사람이 사업 이야기가 전혀 나오지 않는 인문고 전을 읽고, 역사책을 보는 까닭은 무엇일까?"

"……."

"나도 한때 다신 되돌아가고 싶지 않을 만큼 정말 힘들 때가 있었어. 그때 우연히 《사기열전》을 읽었는데, 신기하게도 말이야. 마음이 차분해졌어."

당시 작가님이 처한 형편이 《사기열전》 속 상황과 별반 다르지 않아서 어려움을 극복하는 데 실질적인 도움이 되었다고 했다. 작가님은《사기열전》에 나오는 맹상군의 일화를 들려주었다.

맹상군은 제나라 사람이다. 그는 여러 제후와 빈객뿐만 아니라 도망을 다니는 범죄자까지 식객으로 받아들였다. 한때 3천 명에 이르는 식객이 그의 집을 오갈 만큼 주변에 사람이 끊이지 않았다. 그런데 맹상군이 누명을 뒤집어쓰고 관직을 잃고 나니 그 많던 식객들이 한순간에 발길을 뚝 끊고 말았다. 풍환이라는 식객만 홀로 남았을 뿐이었다.

맹상군은 풍환에게 신세한탄을 했다. 잘나갈 때는 그리도 들락날락거리던 사람들이 자신의 어려움을 보고는 한순간에 떠나버린 게 못내 서운하다고 말했다. 그리고 시간이 흘러, 맹상군이 다시 관직에 나서자 빈객들이 몰려들었다. 맹상군은 염치없는 그들을 비난했다. 그러자 풍환은 이렇게 말했다.

"부귀하면 인재가 많이 모이고, 가난하고 천하면 친구가 적어지는 것이 사물의 이치입니다."

군이 마음 쓸 필요도 없고 원망할 필요도 없이 순리대로 받아들이라는 뜻이었다. 작가님도 그때 사람들에게 서운한 마음을 가진 적이 있었는데 풍환의 말에 겨우 마음을 추스를 수 있었다고 했다.

"《사기열전》을 보니 나에게 실망하고 떠나간 사람들 때문에 상처받을 필요가 없다는 걸 알았어. 뭔가 기대를 하고 찾아왔는데 그게 충족되지 않으니까 떠나는 게 자연스러운 일이었던 거야."

나이가 들수록 남의 인생에 관여하고 솔루션을 일일이 알려주는 사람은 줄어든다. 결국 혼자서 해법을 찾아야 한다. 작가님도 비슷한 말을 했다.

"사람은 누구나 결국 홀로 서야 하는 거야. 나는 독서를 통해 나 자신을 새롭게 돌아보게 되었고, 새로운 삶의 길을 발견했어. 뭐랄까, 책을 통해 자립했다고나 할까. 너도 그렇게 해야 할 거야."

어차피 회사의 위기는 대표인 내가 오롯이 감당해야만 했다. 누군가에게 구조를 바랄 수도 없었다. 그때부터 나의 커리큘럼은 아주 조금 더 내 상황에 맞는 책으로 채워졌다. 숱한 기업들의 명멸을 다룬 책을 보면서 이익만을 추구하는 경영의 결과가 어떻게 되었는지 생생히 알 수 있었다.

사람들에게 더 이상 휘둘리지 않게 된 것도 그때 읽은 책 덕분이었다. 서로가 공감할 수 없는 가치를 추구하고 있다면 아무리 높은 실적을 내고 뛰어난 능력을 가지고 있다 해도 함께할 수 없다고 생각했다. 아쉬운 마음에 욕심을 부려왔는데 그러지 않기로 했다. 경영 가치에 공감하고 부족한 부분을 채워줄 수 있는 사람이 더 소중했다.

작가님이 《사기열전》을 통해 스스로 어려움을 극복했듯이 나도 그러한 경험을 한 것이다. 그때의 기분은 그 어떤 깨달음보다 좋았다. 말로 표현할 수 없을 만큼 기뻤다. 즐거웠다. 재미있었다. 그 무렵 작가님이 해준 이야기가 있었다.

"혹시 책이 살아 있다는 걸 경험한 적이 있어?"

"책이 살아 있다니요?"

"책 속의 내용이 내 삶에 적용될 때가 있어. 그때 비로소 책이 살아 있다는 걸 느끼게 되지."

아무리 책을 많이 봐도 자신의 삶에 적용할 수 없다면 감흥이 없을 수밖에 없다. 그 후 《한비자》에서 '순리'에 대한 내용을 보는 동안에는 얼마나 웃었는지 모른다. 어떻게 하면 나라가 망하는지를 적나라하게 보여주는 대목에서 당시의 내가 오버랩된 것이다.

나라를 회사에 비유해보면, 나는 아주 망하는 짓만 골라서 하고 있었다. 결국 나는 이미 전에 《한비자》를 읽고도 경영에 접목시키지 못했던 것이다. 책과 삶이 동떨어져 있었던 것이다.

《한비자》를 읽으며 뒤늦게 지난 실수를 깨닫자 얼굴이 빨개지고 가슴이 따끔거릴 만큼 부끄러웠다. 독서를 꾸준히 해야 하는 이유가 또 하나 생긴 셈이었다.

⚞ 이지성 작가의 **멘토링** ⚟

▶ 책이 살아 있다는 것을 느껴라.
▶ 책의 내용과 자신의 삶을 구체적으로 비교하고 적용할 때 비로소 책이 살아 있음을 느낄 수 있다.

인생은 단 한 번의 깨달음으로 완성될 수 없다. 매번 후회와 깨달음의 연속이다. 삶에 바로 적용하는 살아 있는 독서를 시작하면서 읽는 재미가 늘어난 건 사실이지만, 현실에서는 늘 재미만 있는 게 아니었다.

작가님과 함께 독서를 통한 자기계발을 추구하는 사업을 〈차이에듀케이션〉이란 이름으로 시작했는데 운영이 쉽지 않았다. 애초 재능기부와 나눔을 목적으로 했기 때문에 비즈니스 관점에서 수익성을 그리 크게 기대하지 않았다. 그러나 조직이 운영되려면 기본적인 여건은 마련되어야 했다. 즉 '전문 경영'이 필요했다.

작가님과 나 모두 본업이 있다 보니 시간이 부족했다. 특히 작가님은 수익금 전액을 전국 지역아동센터 교사 교육에 기부하는 Daum 뉴스펀딩 진행, 인문학 교육 봉사자를 위한 교육, 해외 빈민촌 학교 건축 같은 본업 외의 일로도 눈코 뜰 새 없이 바빴다.

"희철아, 미안한데 네 일도 좋지만 이제 〈차이에듀케이션〉에 집중을 좀 해줬으면 좋겠다."

"네, 저도 알아서 놔두면 잘 흘러갈 거라고 생각했는데, 이게 생각처럼 되지 않네요. 〈차이에듀케이션〉 경영에 더욱 힘을 쏟아야 할 것 같아요."

경영은 지난 경험만으로 될 수 없었다.

〈차이에듀케이션〉 사업이 제대로 굴러가지 않았다. 비영리에 뜻을 두고 좋은 일을 하니까 막연히 잘될 수밖에 없다고 생각한 것부터가 잘못이었다. 시작부터 고전을 면치 못하고 생존의 문제에 봉착하고 말았다. 비영리 역시 돈이 있어야 운영이 가능한 것이었다. 직원들의 헌신도 계속되는 적자 앞에서는 당해낼 방도가 없었다.

결국 뜻보다는 현실적인 문제를 해결해야 했다. 교육 사업의 본질을 검토하고 우선 영리 사업으로의 경쟁력을 확보하는 것으로 경영 방식을 변경했다. 이후에 사업을 정상화시켜 그 이익으로 비영리 기업을 설립하자는 데 의견을 모았다.

"난 네가 이번 기회에 《논어》를 더 깊이 읽었으면 좋겠다. 말만 믿고 일을 진행하면 안 되고 잘 살펴봐야 한다고 《논어》에 나와 있지 않니. 여기에 대해 사색하다 보면 〈차이에듀케이션〉 경영자로서 앞으로 해야 할 일들이 눈앞에 선명하게 떠오를 거야."

씁쓸한 기분을 떨칠 수가 없었다. 얼마 전 《한비자》를 보며 실패할 수밖에 없는 경영 방식에 대해 경계하기로 해놓고 현실에서 제대로 대응하지 못했던 것이다.

기업도 결국 사람이 모여 일을 하는 곳이다. 아무리 스펙이 뛰어나도 신뢰하기 힘들다면 유능한 인재라 할 수 없다. 작가님과 나는 치열한 사색과 열띤 토론을 통해 일을 수습해나갔다. 특히 업의 본질, 즉 〈차이에듀케이션〉을 세운 목적을 사색하면서 앞으로 우리에게 가장 필요한 원칙이 무엇인지 정리했다. 그리고 이렇게 과거를 정리하고 미래를 새롭게 시작할 수 있음을 감사했다.

함께 숱한 토론을 벌이면서 뼈아픈 반성도 했지만, 문제 해결의 즐거움도 느낄 수 있었다. 실제로 두 번 다시 같은 실수를 반복하지 않겠다는 노력은 적게나마 수익성을 개선하는 효과도 거둬주었다. 그러니 내 삶이 바뀌고, 하는 일에 도움이 되는 독서만큼 재미있는 게 또 무엇이 있을까.

볼테르는 "당신들은 책이라는 것을 좋아하지 않을지도 모른다. 그런 당신들은 분명히 부질없는 야심과 쾌락의 추구에만 열중하고 있을 테다. 하지만 세상은 당신들이 생각하는 것보다 훨씬 넓고, 또 그세계가 책에 의해 통치를 받고 있다는 것을 알아야 한다"라고 했다. 18세기 철학자가 21세기를 사는 우리에게 지적한 것처럼 찰나의 쾌락이나 소소한 즐거움을 누리기보다 삶의 재미를 더욱 키워주는 참된 즐거움을 누려야 하지 않을까. 책에 의해 통치되는 세상의 비밀을 알고 싶다면 말이다.

◈ 인생을 공부하는 기쁨 ◈

사업을 하는데, 사람 때문에 힘들었다. 수익이 나지 않아서 힘든
게 아니라, 계약 성공 건수가 많지 않아서 힘든 게 아니라 뜻대로
따라주지 않는 사람들 때문에 밤새 고민하고 힘들었다. 계속되
는 감정 소모로 몸에서 병을 키워가고 있을 때, 책을 읽으며 '사
물의 이치'를 다시금 깨달았다. 살아 있다는 기쁨을 느꼈다.

| 사기열전 | **김원중 역** |

그냥 사마천의 역사서라고 생각하고 읽었는데, 책 속 이야기들이 나의 현재
상황과 너무나도 비슷하다는 것을 차츰 알고 놀랐다. 그중 〈맹상군 열전〉과
〈송세가〉를 보고 나름 느낀 감정들을 정리하기도 했다. 또 다른 사람들은 다
아는데 나만 깨닫지 못했던 내 실수를 돌아볼 수 있었다. 역사와 책을 통해
삶의 지혜를 배우는 것이 얼마나 소중한지 깊이 생각하게 되었다.

| 1등 할 수밖에 없는 조조의 관리 전략 | **동팡즈** |

리더십의 모범 조조가 국가를 어떻게 통치하고 경영했는지 궁금해서 읽은
책이다. 관련 도서를 찾다가 《조조 사람혁명》(신동준)과 《조조의 용병술》(장
야신)도 함께 읽었다.

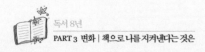

| 제갈량에게 경영을 배우다 | 강영수 |

제갈량에게 배우는 인간 경영 전략! 그의 철학이 궁금해 읽었다. 삼국 중에서 가장 열악한 환경에 처해 있으면서도 천하통일을 도모한 비결을 엿볼 수 있었다.

| 정사 삼국지 1~7 | 진수 |

위·촉·오 삼국 각 영웅들의 국가 경영법을 보고 싶어 고른 책이다. 에피소드보다 사실에 충실하여 현실적인 적용 방안을 고민할 수 있었다.

| 일본사 | 이쿠타 사토시 외 |

메이지 유신을 기점으로 큰 변화를 일으킨 일본의 근대사를 통해 변화의 원인과 결과를 비판적으로 바라보게 되었다. 한편으로 일본이 전 세계 인문고전의 약 6,000권을 번역해 출판했다는 점이 놀라웠다.

| 거상 임상옥의 상도 경영 | 권명중 |

"재상평여수 인중직사형財上平如水 人中直似衡"을 가슴에 새긴 책이다. 즉 재물은 평등하기가 물과 같고 사람은 바르기가 저울과 같다는 뜻이다. 기업의 윤리를 생각하고 그 안에서 나의 역할과 방향성을 검토하게 해주었다. 이후 《소설 상도》를 찾아 읽었다.

| 유일한 이야기 | 조영권 |

사회에 전 재산을 환원하고 빈손으로 떠난 유한양행의 창업자 유일한의 이야기다. 생이 끝난 뒤에도 기부는 계속되어 대단하다는 말밖에 나오지 않았다. 역시 성공은 그릇의 크기도 다르고 그 시작도 다르다는 생각을 했다.

PART 4

나눔

—

읽는 인간에서
움직이는 인간으로

진정한 성공은 나눔과 봉사다. 그리고 그렇게 하려면 자신을 성장시키는 공부가 우선이니 독서를 치열하게 해야 한다. 8년간 독서 공부를 한 것은 내 삶의 방향을 잡는 데 상당한 도움이 되었다. 큰일을 도모하는 것만 생각하지 않고 당장 실천할 수 있다면 작은 일이라도 소중히 여기기 시작했다. 올바른 독서를 통해 선한 영향력을 갖춘 사람들이 많아진다면 좀 더 나은 사회공동체를 기대할 수 있지 않을까.

바다는 어떤 물도 마다하지 않기 때문에
광대해질 수 있고,
산은 흙과 돌을 마다하지 않기 때문에
높아질 수 있다.

(관자), 관중

⟩ 리뷰, 꿈의 실행과 목표, 계획 ⟨

꾸준한 독서 훈련으로 독서의 숙련도는 점점 높아진다. 책을 읽는 게 더 이상 낯설지도, 또 특별한 일도 아니다. 독서를 통해 일과의 시작과 끝을 맞이하는 일상은 매일 하는 출퇴근만큼이나 자연스럽다.

독서의 숙련도를 갖추면, 그다음부터는 독서의 질을 고민하게 된다. 그동안 독서 효과를 높이기 위한 훈련도 해왔다. 다독과 반독, 필사와 사색, 토론과 쓰기 등을 거치면서 생각의 힘을 키워왔다.

생각의 힘을 키운다는 것은 독서로 자신과 주변을 바꾸는 동력을 마련한다는 뜻이다. 이때부터 독서는 습관이나 훈련의 단계를 넘어 삶의 통찰력을 얻는 과정으로 접어들게 된다. 자신의 직업과 관련한 독서도 단순한 스킬보다 관련 분야에 대한 통찰로 이어지는 것이 되어야 한다.

작가님은 내가 꾸준하게 독서할 수 있도록 옆에서 많이 도와주었다. 몇 년이 지나자 작가님은 한 단계 높은 독서를 권했다. 그 계기는 플래너였다.

"네가 한다는 금융업이 혹시 사채업이냐?"

"네? 그게 무슨 말씀이에요?"

평소 내가 들고 다니던 플래너를 보고 작가님이 건넨 농이었다. 두툼하고 커서 마치 사채업자의 일수 가방처럼 보인다는 것이다. 두꺼운 플래너 안에 대체 무엇이 들어 있는지 궁금해했다.

"여기에는 저에 대한 정말 사소한 것까지 다 들어가 있어요. 그때 그때 제 모든 것을 담아놓거든요. 아마 누군가 줍는다면 플래너의 주인이 뭐 하면서 사는지, 어떤 사람인지 이것만 봐도 다 알 겁니다."

플래너를 처음 접한 건 회사 생활을 시작하면서였다. 당시 내가 다니던 회사의 법인팀 팀장님은 독서와 더불어 플래너의 가치도 알게 해주었는데, 플래너 중에서도 CEO를 위한 포켓 플래너인 '프랭클린 플래너'를 쓰고 있었다.

나는 팀장님이 CEO의 플래너를 쓰는 게 상당히 인상적이었다. 그분은 모든 일을 플래너로 진행했다. 단순히 일정 확인이나 회의 메모를 위한 수첩으로 쓰지 않았다. 자신과 관련한 모든 것을 그곳에 기록하고 계획을 세워 실천했다. 그분의 플래너 활용은 마치 성공한 사람의 상징처럼 보였다. 저렇게 해야만 나도 주위로부터 인정받을 수 있고, 또 성공할 수 있을 것만 같았다. 이미 팀장님을 따라 책 읽기에 한창 빠져 있던 터라 플래너를 활용하는 것도 곧장 따라 했다. 월급이 67만 원이었는데도 무려 8만 원이나 하는 플래너를 사서 팀장님처럼 회사 업무를 비롯해 나와 관련 있는 모든 것을 적었다.

플래너를 쓰기 전에는 다이어리를 썼다. 그저 일기를 쓰는 수준이었다. 플래너로 바꾸고 나서는 기록의 내용이 일기에서 벗어나 생활의 계획까지로 확장됐다. 플래너가 삶의 변화를 위한 도구가 된 것이다. 어떤 사람들은 플래너를 쓰는 것만으로 자기 관리의 종착지에 도착했다고 착각하기도 한다. 그러나 플래너에 빼곡하게 뭔가를 적는 것만으로는 의미가 없다. 플래너에 적힌 내용대로 내 삶이 바뀌고 있는지가 더 중요하다.

나는 플래너를 구체적으로 시간 관리와 사색 결과의 정리, 업무의 전후 비교 등으로 채워갔다. 특히 시간 관리는 매일 나를 자극하는 동기부여가 됐다. 독서도 플래너에 따라 이루어졌다. 미리 계획한 시간에 따라 독서를 해야 하루, 일주일, 한 달 등의 목표를 이룰 수 있도록 만들었다. 그 덕분에 책을 읽는 일상이 매우 안정적으로 자리 잡게 됐다.

작가님은 내가 플래너로 독서를 하며 자기 관리를 꾸준히 해가는 모습에 매우 관심을 보였다.

"이렇게 좋은 건 알려야 하지 않을까? 어때? 플래너를 통해 하루 관리하는 방법을 나와 같이 책으로 써보는 건?"

"네? 제가 책을요?"

깜짝 놀랐다. 작가님과 함께 책을 쓴다니! 상상도 못했던 일이었다. 나에게 무척 소중하고 유용한 플래너지만 사람들에게 보여줄 만큼 대단한 것은 아니라고 생각했다.

작가님은 내가 어떻게 플래너를 사용하는지 꼼꼼하게 살펴보기 시작했다. 플래너 안에는 독서 습관 일지와 성장 일지가 함께 들어가 있었고, 독서 계획도 세밀하게 세워 시간을 배분해놓았다. 책을 필사한 것과 특정 기간 동안 중점적으로 봐야 할 콘텐츠를 복사해서 알아보기 쉽게 철해 넣기도 했다.

"넌 이게 태블릿 PC구나. 이 안에 너에 대한 모든 것이 들어 있네."

작가님의 말이 맞았다.

내 플래너는 손에 들고 다니는 컴퓨터나 마찬가지였다. 몇 년 동안 꾸준히 플래너를 통해 일상과 사업, 그리고 독서를 해왔다. 특히 독서와 실천의 관계를 꼼꼼히 기록해놓았기 때문에 늘 맘속에 새겨야 하는 삶의 지표가 담긴 것이기도 했다.

플래너를 작성할 때는 우선 실행을 기준으로 삼았다. 먼저 내가 이루고 싶은 궁극적인 꿈을 적고, 그 꿈에 따른 목표와 계획을 세웠다. 그리고 실행하는 과정에서 수시로 검토하고, 나중에 결과에 대해 리뷰를 했다. 이 과정을 매번 반복한 흔적이 플래너에 고스란히 담겨 있었다.

독서도 이와 같은 방식으로 진행했다. 단지 읽는 데서 그치지 않고, 계획에 따라 독서 근육을 키우는 습관과 생각 트레이닝을 하는 리뷰의 과정을 수시로 거치며 이를 모두 꼼꼼히 기록했다.

플래너에 세운 모든 계획을 완벽하게 실행할 수는 없다. 하지만 검토와 리뷰 과정을 통해 방향성을 다시 찾을 수 있다. 독서도 항상 계획대로 이루어지지 않는다. 강제성이 없으므로 더 해이해질 수 있다. 그렇지만 계획과 실천의 괴리가 더 벌어지는 바람에 제풀에 꺾여 포기하는 경우는 없었다. 일상적인 독서와 사색, 삶의 변화를 위한 실천이 중단될 틈이 없었다.

플래너를 쓰면서 독서 생활은 오히려 여유로워졌다. 지금까지 숱한 실패를 경험하면서 계획대로 진행되는 일보다 변수에 따라 차질을 빚는 경우가 더 많다는 것을 알게 됐다. 그럼에도 방향성을 잃지 않았던 이유가 있었다. 실행 과정이 다소 늦더라도 결과에 따른 원인을 분석하고 다시 방향성에 맞춰가는 것을 두려워하지 않았기 때문이다. 그렇게 하다 보니 계획보다 더 많은 독서 과정을 할 수도 있었다.

팀장님 외에도 플래너를 적극 활용하는 사람들은 무척 많았다. 보험 회사에서 근무할 때 만난 지점장님도 플래너로 자기 관리를 하고 있었다. 당시 연봉을 10억 원이나 받을 정도로 인정받는 분이었다.

그분은 하루나 일주일 단위가 아니라 시간마다 무엇을 할 것인지를 정해놓고 관리했다. 그리고 일과 중에 반드시 해야 하는 업무와 일과가 끝난 뒤에 해도 되는 업무를 구분했다.

또 다른 보험 회사에서 만난 분은 시간 관리를 녹색, 노란색, 빨간색으로 구분하여 시각적으로 분명하게 우선순위를 나눠놓고 있었다. 그에 따라 스케줄을 조정하고 시간의 분할과 배치를 효율적으로 해놓았다. 물론 더 복잡하고 중요한 내용도 많았겠지만, 그분들의 다양한 플래너 활용 방식을 지켜보면서 나는 장점을 취했다. 나만의 플래너로 점점 만들어가기 시작했다.

내 플래너는 계획을 세우는 것만큼이나 리뷰를 중요하게 여기는 방식으로 되어 있다. 하루, 일주일, 한 달, 일 년 등의 단위로 계획을 작게부터 크게까지 짜면서 동시에 실행 과정 중 리뷰를 반드시 할 수 있도록 만들었다. 그때마다 무엇을 개선할지, 어떤 성과를 거두었는지를 면밀하게 평가했다. 독서도 이렇게 관리했다. 반독과 쓰기에 중점을 둔 독서 습관을 중요하게 여기는 것도 플래너의 리뷰 방식을 활용한 덕분이었다.

플래너를 통해 독서를 포함한 모든 일을 진행하는 것이 결국은 책을 통해 깨달은 덕분이라 할 수 있다. 작가님은 늘 본질을 깨달으라고 조언한다. 비단 독서뿐만 아니라 지금 하는 일과 관련된 모든 사안들이 본질을 깨달아야 성공할 수 있다고 말이다. 그래야 삶의 변화를 이룰 수 있는 실행이 가능하다는 것이다. 나는 플래너를 통해 삶의 모든 계획을 세우고 실행하며 그 과정을 점검해나갔다. 플래너로 본질에 가까이 다가갈 수 있는 방법을 찾은 것이다.

━━━ ⋛ **이지성** 작가의 **멘토링** ⋛ ━━━

▶ 독서의 본질은 꿈을 실현하기 위한 노력이자 준비라는 것을 명심하라.
▶ 독서를 통한 꿈의 실현을 계획하고 점검할 수 있어야 한다.

생각의 변화는 매우 중요하다. 책을 읽는 것도 생각의 변화를 위한 것이다. 우물 안 개구리처럼 넓은 세상을 보지 못한 채 아집에 빠져 있는 단계에서 벗어나야 한다. 독서와 플래너의 조합은 이런 한계를 벗어날 수 있도록 해주었다.

생각의 차이는 그리 거창한 것이 아니다. 예컨대 "남을 배려하지 않는 사람은 사업을 하지 말라"는 이야기가 있다. 처음에는 이 말의 뜻이 무엇인지 좀처럼 알 수 없었다. 경쟁사회에서 나 하나 생존하기도 급급한 마당에 남을 배려할 겨를이 어디 있겠는가. 일상에서 아주 사소한 배려를 하는 사람이 고객의 숨겨진 욕구를 알 수 있다고 하니 의아했다. 그러나 주위에 친절이나 배려의 습관을 가진 사람들을 자세히 관찰해보니 무슨 말인지 알 수 있었다.

이런 사람들은 엘리베이터를 탈 때는 안에 있는 사람들이 먼저 내리고 타고, 유리문을 여닫을 때는 혹시 뒤에 사람이 없는지 확인하는 등 평소에도 사소하게 배려하는 습관이 몸에 잘 배어 있었다. 그래서 고객의 마음을 미리 알고 배려하는 게 어렵지 않았다. 잠재적 고객들이 필요한 게 무엇인지 역지사지할 수 있는 능력을 갖춘 셈이었다. 이런 행동은 어려운 훈련의 과정을 거쳐야 하는 게 아니라 생각만 바꾸면 쉽게 실천할 수 있었다.

다소 복잡하게 보이는 플래너도 시간이 지날수록 나만의 방식이 만들어진다. 다양한 방식으로 꿈을 기록하고 실행하는 과정에서 관건은 '꾸준함을 유지하는 것'이다.

개그맨 김병만의 《꿈이 있는 거북이는 지치지 않습니다》는 자신의 꿈을 꾸준하게 실행하는 과정을 잘 보여준다. 그는 어떤 세련된 전략이나 목표 관리를 알고 추진한 게 아니었다. 어쩌면 지극히 상투적이라고 느껴질 만큼 일반적인 내용을 세우고 있었다. 책에 적힌 '가진 건 꿈밖에 없습니다' '될 때까지 했습니다' '쉬지 않고 했습니다' '기어서라도 가겠습니다'라는 말은 결코 새로운 교훈이 아니었다. 그러나 그는 어려운 일을 해냈다. 오랜 무명을 더디 가는 여정이라 여겼다. 꿈을 포기하지 않고 뚜벅뚜벅 걸어온 그의 꾸준한 마음과 태도가 위대한 것이다.

내가 하루 종일 들고 다니는 플래너도 나의 여정이 담겨 있다. 나는 더딘 여정이라도 중도에 포기하지 않기 위해 꿈을 반복해서 적고 하루를 되돌아본다. 짧은 여정과 긴 여정을 나누어 길을 잃지 않으려고 꿈의 지도를 꺼내본다. 너덜너덜해질 만큼 살펴보면서 계획과 리뷰를 반복하고 있다.

플래너는 어느덧 내 삶의 집약본이자 든든한 성찰의 도구가 되었다. 예전에는 삶과 사업이 어떤 관계를 맺는지 잘 보지 못했다. 그런데 플래너가 삶에 들어온 순간 일상과 일은 결코 분리될 수 없다는 것을 깨달았다.

⋛ 삶이 변화되는 작은 기적의 순간 ⋚

살아오면서 참 많은 사람들을 만났다. 여러 직종의 영업직을 전 전했고 지금은 사업을 하기 때문에 더욱 다양하게 만난다.

예전에는 왜 그리 삶이 힘들고 어려운지 도피하고만 싶었다. 하 지만 돌이켜보면 그때가 있었기에 감사하다. 그때 그 사람들을 통해 플래너를 알게 됐기 때문이다.

매일 플래너를 쓰기 시작하자 삶이 조금씩 변화되었다. 해야지, 생각만 하던 것이 플래너에 적히는 순간 기적처럼 실천하게 되 었다. 독서 습관도 확실해졌다. 계획을 제대로 지켰는지 점검하 게 되고 하루, 일주일, 한 달, 일 년의 꿈을 기록해갔다. 이 시기 에 가장 와 닿았던 책들을 추천한다.

| 주켄 사람들 | **마츠우라 모토오**

성공한 기업들의 직접적인 사례를 보기 위해 읽었던 책이다. 상황에 맞는 채 용 방법을 비롯한 기업 경영에 필요한 다양한 것을 배울 수 있었다. 경영이 란 정답이 한 가지만 있는 것이 아니었다. 진정한 경영이란 상황에 따른 정 확한 판단과 실행으로 성과를 거두는 것이라는 생각을 했다.

| 일본전산 이야기 | 김성호 |

불황 위기에 기업을 이끌어 최고로 만든 경영 노하우를 보며 지금의 어려운 상황도 기회가 될 수 있다고 생각했다. 어쩌면 경영은 복잡하고 어려운 철학이 필요한 게 아니라 단순하고 명쾌한 본질이 우선되면 이익도, 묘안도 따라온다고 생각하게 됐다.

| 아마존, 세상의 모든 것을 팝니다 | 브래드 스톤 |

"세상의 모든 것을 판다"는 문구를 그대로 실천한 아마존의 이야기다. 이 책은 아마존의 생각과 실행의 차이를 제대로 보여주었다. 과거에 시계 사업을 하며 온라인 마케팅을 구상한 적이 있었는데, 실행에 옮기지는 못했다. 아마존의 CEO 제프 베조스를 통해 생각한 것을 실행에 옮겨 성공을 거둔 기업의 모습을 보았다. 나는 생각만 한 것을 누군가는 공격적으로 실행하여 결국 성공하고야 마는 모습을 보며 많이 반성했다.

| 스타벅스, 커피 한 잔에 담긴 성공 신화 | 하워드 슐츠 |

《카페베네 이야기》와 비교하며 읽었던 책이다. 수많은 커피 프랜차이즈가 명멸을 거듭하는 와중에 스타벅스의 지속적인 성공 이유가 궁금했다. 장기적인 성장에 필요한 경영 철학이 왜 필요하고 중요한지 다시금 생각할 수 있는 계기가 됐다.

| 상인열전 | 이수광 |

조선부터 현대까지 목숨 걸고 장사한 한국 상인들의 성공 방식을 보면서 지금 나의 상황에 맞는 실천법이 있지는 않은지 확인했다.

| **그대, 스스로를 경영하라** | 김주영 |

회사를 경영하기 전에 스스로를 이겨야 한다는 생각에 읽은 책 중의 하나다. 이후 사업을 시작하고 마음을 다잡는 데 많은 도움이 되었다.

| **꿈이 있는 거북이는 지치지 않습니다** | 김병만 |

개인적으로 가장 좋아하는 개그맨 김병만의 치열한 노력을 볼 수 있었다. 나 역시 오랫동안 한 분야에서 정성을 다하면 언젠간 꿈을 이룰 수 있지 않을까, 행복한 생각을 하게 해준 책이었다.

| **왜 일하는가** | 이나모리 가즈오 |

마쓰시타 고노스케, 혼다 쇼이치로와 더불어 일본에서 가장 존경받는 3대 기업가 중 한 명으로 꼽히는 이나모리 가즈오. 기업을 성공적으로 키운 그만의 비결이 궁금해 읽었다. '왜' 일하는지를 분명히 알고 시작한 사람에게는 좋은 결과가 있을 수밖에 없다는 걸 다시금 깨달았다.

⦚ 역할의 방향성을 찾아라 ⦚

오프라 윈프리가 "독서가 내 인생을 바꿨다"라는 말을 한 적이 있다. 그녀의 불우했던 성장 과정과 무명 세월을 감안하면, 독서를 통한 인생의 변화는 너무나 극적이다. 나도 독서를 통해 인생의 변화를 맞이했다. 지금도 독서는, 내가 하는 일과 사람들의 관계에서 역할의 방향성을 찾는 길잡이다.

예전에 가끔 나는 사업한답시고 그 잘나가던 직장을 왜 때려치우고 나왔을까 푸념했었다. 사업은 유지만 하는 데도 신경 쓸 게 한두 가지가 아니었다. 문제가 터지는 건 늘 사람 때문이었다. 한때는 왜 이리도 내 주변에 이기적인 사람들만 모이는지 한탄하기도 했다. 하지만 아니었다. 난 다른 사람에게 싫은 소리를 잘 못하고 부탁을 잘

거절하지 못하는 성격이었다. 이 성격으로 인해 착한 사람 콤플렉스가 아니냐는 비난을 들을 만큼 나 자신에게 문제가 컸다.

그렇다면 당장 거절하지 못하는 성격을 고치면 될까? 성격 개조를 하면 사업이 잘 풀릴까? 한동안 이 문제 때문에 적잖이 스트레스를 받았다. 성격을 바꾼다고 해서 한순간에 바뀌는 것도 아니니 말이다. 사실 어떻게 바꿔야 하는지도 몰랐다.

"네가 고민해야 하는 것은 성격보다 너의 역할인 것 같다."

"역할이요?"

"그래. 사업을 하는 사람으로서, 한 회사의 대표로서 어떤 역할을 해야 하는지부터 분명히 해야 똑같은 실수를 반복하지 않아."

작가님이 갑자기 역할을 이야기해서 좀 의아했다. 내 역할쯤이야 내가 알아서 잘하고 있다고 생각했다. 단지 우유부단하다는 이야기를 자주 들어서 고민이 많았던 터라 선뜻 이해하지 못했다. 극기 훈련이라도 다녀와야 하나 싶던 차인데 귀에 들어올 리가 없었다.

"성격이 유순하다고 해서 모두 너처럼 회사 일이 문제투성이일까? 너도 만나봤지만 CEO 중에서 군자 같은 사람들도 한둘이 아니었잖아. 물론 정확히 속은 알 수 없지만, 독하고 냉정한 승부사만 회사의 대표가 될 수 있다고 할 수는 없어."

"그거야 그렇죠. 하지만 성격이 좀 세면 사람들이 날 함부로 대하거나 부탁도 쉽게 하지 않을 것 같아서……."

"유비가 성격이 독해서 군주의 자리에 올랐던 건 아니잖아. 카리스마 있는 관우와 괄괄한 장비, 똑똑하기로 어디에도 뒤지지 않는 제갈공명에다가 조자룡과 황충 등 수많은 장수와 책사들이 그의 밑으로 들어간 이유가 무엇일지는 생각해봤어?"

"그것도 결국 성격이라 볼 수 있지 않나요? 유비는 덕장으로서 사람들을 포용했으니까요."

"덕이 많긴 했지. 하지만 덕만 있다고 다들 모인 건 아닐 거야. 유비의 장점은 그 안에서 자신의 역할이 무엇인지 제대로 알고 그 역할에 충실했다는 것 아닐까?"

어떤 특정 성격이 대표의 자격을 결정짓는 건 아니다. 하지만 나는 그동안 오로지 내 성격 때문에 회사나 다른 조직 활동에서 문제가 생겨왔다고 여겼다. 작가님의 충고 덕분에 성격보다 역할을 더 고민하게 됐다. 작가님은 내가 회사 대표로서의 역할을 미처 고민하지 않고 일을 하니 자꾸만 원칙보다 정에 이끌리거나 마음이 약해져서 엉뚱한 결과를 낳는 것이라고 꼬집었다.

"너 혼자 어딘가에 소속되어 있을 때는 맡은 일만 잘하는 것으로 충분했을 거야. 하지만 회사 대표가 되거나 나름 대외적으로 이름이 알려지면 당연히 사람들이 모일 수밖에 없지. 혼자 하는 게 아니라 함께 일하는 것에 익숙해져야 해. 그리고 그 속에서 자신의 역할에 대해 고민을 하고 일을 풀어가야지."

대표가 되면서는 이제 직원들이 알아서 척척 자기 몫을 해주길 바랐다. 그저 관리자로서 지켜보고 평가하려고 했다. 똑같은 명분으로 좋은 일을 하는 경우에는 더욱 각자가 알아서 하는 것이라고 생각했다. 현실은 달랐다. 그래서 성격의 문제라 생각하고 말았다.

"한 대학의 겸임교수가 나를 찾아온 적이 있었어. 내가 하는 강연에도 한두 번 와서 들었다면서 인사를 하더라고. 내 강의에 많은 부분을 공감했다면서. 그러고는 나처럼 비영리 봉사 활동을 하고 싶다는 거야. 나야 이런 일을 많은 사람들이 동참해준다면 마다할 이유가 없지."

그 교수는 작가님에게 자신의 강의 내용을 소개했다. 학생들에게 꿈에 대해 강의를 하는 중인데 이지성 작가님의 콘텐츠가 정말 좋다고 칭찬을 아끼지 않았다. 작가님의 명성도 뛰어나니 아예 교육 프로그램을 만들자고 제안했다. 그리고 그 프로그램을 수익 상품으로 판매해보자고 권유했다.

작가님은 자신의 콘텐츠를 상품으로 만드는 것에 관심이 없었다. 하지만 수익금의 일부를 기부한다는 조건으로 그의 제안에 동의했다. 그런데 계약서를 쓰지 않았다. 좋은 일을 함께하자고 이야기해준 상황에서 군이 계약서를 쓰자고 말하는 게 애매했던 터라 구두로 서로의 약속을 확인했을 뿐이다. 교육 프로그램의 매출과 기부 내역은 정기적으로 알려주는 것으로 했다.

일은 순조롭게 진행됐다. 그 교수는 작가님의 콘텐츠로 교육 프로그램을 만들었고 아예 '이지성 작가의 교육 프로그램'이라며 이름을 내걸어 홍보했다. 여기저기 들리는 이야기로는 상당한 매출을 올렸다고 한다. 그런데 정작 작가님은 그 교수로부터 아무런 소식을 듣지 못했다. 매출이나 기부에 관련해서 단 한 번도 연락하지 않았다. 아무래도 찜찜하다고 생각한 작가님은 교육 프로그램의 판매를 중단하라고 요구했다. 그랬더니 그는 콘텐츠를 가져다 쓰라고 할 땐 언제고 이제 와서 딴소리냐고 반발했다.

그 교수는 쉽게 포기하지 않았다. 작가님도 이런 상황을 계속 방관할 수 없었다. 결국 이 문제는 법의 힘을 빌어야 하는 쪽으로 가닥이 잡혀갔고, 여기에 대해서 작가님이 그 교수에게 통보하자 그는 한걸음에 달려와서 사과를 했다. 그리고 그는 그 후로 다시는 작가님의 이름을 팔지 않았다.

이런 일은 사실 여러 번 있었다. 법적 소송까지 가지는 않았지만, 작가님의 교육 프로그램을 만들어서 기부하자며 접근했던 어떤 단체도 결국 약속을 지키지 않았다. 작가님은 수익에서 자기 몫을 바라지 않았고, 오로지 기부를 해달라는 조건뿐이었다. 그럼에도 사람들은 자신의 이익에 몰두했다.

"처음부터 계약서를 쓰지 그랬어요? 그럼 이렇게까지 문제가 악화되지 않았을 텐데."

"물론 그게 깔끔했겠지. 절차를 제대로 챙기지 못한 건 내 잘못이었어. 그런데 내가 덜렁대서 그런 게 아니라 내 역할에 충실하지 못했기 때문인 것 같아."

자기 역할을 제대로 인지했더라면 그토록 쉽게 믿지 않았을 테고 또 일이 잘못 굴러가도록 내버려두지도 않았을 거라는 뜻이었다.

서 있으면 앉고 싶고, 앉으면 눕고 싶은 게 사람의 본성이다. 자신에게 유리하거나 편한 것을 좇는 인간의 본성은 쉽게 고쳐지지 않는다. 그렇기 때문에 그 본성을 조절하는 역할이 필요하다. 그동안 나는 이런 역할보다 본성에 충족하며 살아온 것이다.

⌇ 이지성 작가의 멘토링 ⌇

- ▶ 독서는 삶의 방향을 찾고, 자신의 역할을 모색할 수 있는 길잡이다.
- ▶ 역할의 방향성을 찾는 것은 독서를 통한 객관적인 자신에 대한 평가로부터 시작한다.
- ▶ 어느 정도 사회적 경험을 쌓거나 지위에 오르면, 주위에 사람들이 몰려든다. 우호적인 관계뿐만 아니라 다소 껄끄러운 관계도 생기기 마련이다. 이때 스스로를 지키는 방법을 찾아야 한다.

앞서 잠깐 이야기했지만, 작가님과 나는 사람들에게 도움이 되는 독서와 자기계발 등을 위해 〈차이에듀케이션〉이라는 교육 회사를 설립했다. 참여한 사람들이 스스로 성장을 꾀할 수 있게 하는 것이 주

요 목적이었다.

또한 직원들에게도 단순히 영리만을 추구하는 회사가 아닌 나눔을 통한 성장을 실천하는 회사로 함께할 것을 촉구하며, 일과 교육 봉사 활동을 병행했다. 향후 경영 정상화가 되면 비영리 재단을 설립하기로 경영 방침을 수립했다.

그럼에도 많은 분들이 〈차이에듀케이션〉의 활동을 좋게만 봐주시지 않는다. 회사의 교육 방식이 개인의 방향과 다소 맞지 않다는 불평도 있고 타 영리 회사의 선진화된 시스템과 비교하기도 한다.

물론 뜻이 좋다고, 비영리를 추구한다고 모든 것이 만족스러울 수는 없다는 것을 잘 알고 있다. 다만 직원들 한 명 한 명이 단순히 돈을 벌려고 일을 하는 게 아니기 때문에 뜻을 이루기 위해 헌신하고 있는 그 정성을 지켜주고 싶을 뿐이다. 그러기 위해서 우선은 회사를 살려야 하는 나의 역할에 대해 온전히 고민해볼 수밖에 없다. 〈차이에듀케이션〉이 본래의 의도대로 운영되려면 독자적인 활동을 할 수 있을 만큼 자립하는 것이 중요한 과제다. 별도의 재단이나 후원이 없는 구조라서 활동을 위한 비용은 스스로 마련해야 한다.

그즈음 사마천의 《사기史記》를 읽다가 〈송세가宋世家〉 편에 나오는 송양지인宋襄之仁을 보면서 탄식한 적이 있다. 송양지인이란 어리석은 대의명분을 내세우거나 불필요한 인심을 베풀다가 오히려 피해를 본다는 뜻의 사자성어다. 직원들에게 교육 봉사라는 좋은 목표를 함께하자고 강조하는 것은 좋았다. 그러나 회사의 존립을 위한 경쟁력 확보가 더 우선이라는 것을 인식해야 했다.

나는 사업의 원칙과 더불어 내가 해야 할 역할의 방향성을 고민했다. 흥미로운 것은 독서 생활을 시작하면서 이미 비슷한 고민을 했다는 것이다. 다만 성격을 탓하느라 역할에 대해서 더 깊게 인지하지 못했다. 그동안 독서 근육을 만들고 생각을 다듬은 것은 결국 내 인생의 방향을 찾기 위한 것이었다. 어떻게 살 것인지, 또 무엇을 할 것인지를 책 읽기로 답을 구하고 있었다. 그 방향은 내가 가족이나 회사, 모임과 공동체 등에서 어떤 역할을 할 수 있을 것인지와 맞닿을 수밖에 없었다. 사업이나 교육에서 도움이 될 만한 실용적인 내용뿐만 아니라 내가 어떤 위치나 자리에 있는지를 점검하게 되었다.

역할에 주목하면서 유독 역사책을 많이 읽었다. 역사 속에서 수많은 사람들이 어떻게 자신의 역할과 방향을 찾았는지, 혹은 그러지 못해 반대로 어떤 고초를 겪었는지 찾을 수 있으리라는 기대 때문이었다. 과연 수확이 있었다. 천 년 전이나 지금이나 사람들은 똑같은 실수를 반복하고 있었다. 반복해서 실수를 한 만큼 중요한 교훈과 깨달음을 남겼다.

지금까지 소심한 성격을 탓하며 내가 만든 울타리의 모양만 바꾸려 했다는 게 부끄러웠다. 실패가 되풀이될 때마다 그저 사람들을 원망하고 환경을 탓했다. 다른 사람이 나에 대해 뭐라고 힐난하면 속으로 뭘 안다고 저러느냐고 욱하기도 했다.

뜻이 좋고 사람이 괜찮다고 해서 일이 저절로 풀리는 건 아니다. 그 역할에 대한 확신이 있다면 제대로 일이 이루어지는 방법을 찾아봐야 한다. 또한 지나치게 자신만의 고집과 생각으로 자기 역할과 존재감만 드러내려 하는 것을 경계해야 한다. 회사나 공동체에서는 관계를 고려한 역할이 필요하기 때문이다. 독서는 타인과의 관계에서 객관적인 관점을 유지하는 데에 절대적인 도움이 된다.

⸴ 역사 속 사람들의 리더십 ⸴

나는 성격 콤플렉스가 있는 사람이었다. 리더라면 좀 독단적일 필요도 있고 그 어떤 말이든 흔들림 없이 꿋꿋하며 또 상처받지 않아야 한다고 생각하는데, 성격이 그러지 못했다. 타고난 성격이 그랬다. 어쩔 수 없이 내가 감당할 몫이라고 여겼다. 하지만 그게 다가 아니었다. 역할을 제대로 설정하지 못하고 있었다. 어떤 성격이든 상관없이 제 역할을 충실히 기억한다면, 또 그 깨달음으로 실수를 반복하지 않으면 되는 것이었다.

| 사기 | **무라야마 마코토 외** |

130권에 이르는 원서 《사기》에 등장하는 수천 명의 인간 군상들을 유형별로 정리한 책이다. 인간이 역사 속에서 겪은 다양한 갈등 상황을 보면서 인간과 세상을 좀 더 이해할 수 있었다. 그리고 여러 번 읽으면서 스스로 상황과 역할에 대한 중요성을 생각했다.

| 관자 | **김필수 외** |

상황에 맞는 제도에 대해 토론하는 내용을 보며 지도자의 역할을 생각하게 되었다. 관중의 통찰력에 감탄하면서 당장 내가 운영하는 회사의 제도나 방

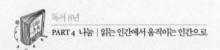

침에 대해 근본적인 고민을 다시 하기 시작했다.

| 손빈병법孫臏兵法 | 김진호 역 |

손빈이 저술한 병법서. 최고의 전략은 상황에 따른 가장 적절한 판단을 하는 것이라는 문장을 보며 경영에서 역할의 중요성을 다시 깨달았다. 그 역할을 잘하기 위한 노력으로 무엇을 공부해야 하는지 생각하게 해주는 책이었다.

| 플라톤의 대화 | 천병희 역 |

역할에 대한 생각을 정말 많이 하게 하는 책이다. 나는 과연 이렇게까지 고민을 하고 경영을 하고 있을까. 너무도 어려운 문제를 너무 쉽게 생각하고 접근하는 것은 아닐까. 근원적인 고민을 던져준 책이다.

| 김성근이다 | 김성근 |

개인적으로 야구를 좋아하기도 하지만, 김성근 감독님의 철학이 궁금해서 보았다. 지금도 숱한 논란과 호불호를 낳는 분이지만 만년 약팀을 우승시킨 그 과정과 노력, 오롯이 감당해야 하는 인간적인 고민들, 그리고 경영 철학을 엿볼 수 있었다. 역할에 대한 신념을 볼 수 있었고, 한계를 넘어야 한다는 말을 항상 떠올리게 되었다.

⸱⸱ 전략적 사고를 키우는 연습 ⸱⸱

독서를 오랫동안 하다 보면, 자신도 모르게 시야가 넓어진다. 내 역할의 방향성을 깨닫게 되어 전략적인 사고가 가능해진다. 향후 자신의 행보를 고민하면서 미리 앞을 내다보는 훈련이 이루어진다.

독서를 통한 전략적 안목은 내가 하는 일에서도 발휘되었다. 특히 자주 사무실을 비워야 하는 나로서는 전략적인 사고로 조직을 운영하지 않으면 제대로 돌아갈 수가 없는 형편이었다.

"오늘 제 일정은 점심 때 부산으로 갔다가 저녁에 대구로 가고, 내일 대전에 들렀다가 서울로 올 듯합니다. 그러니 혹시라도 다른 일정이 생기면 내일 오후 이후로 해주세요."

요즘 하는 일이 바쁘다 보니 일주일에도 몇 번이나 지방을 돌아다

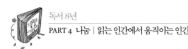

닌다. 그래서 매번 자리를 비울 때마다 이런저런 고민을 한다. 내가 없어도 회사가 잘 굴러갈지, 밖으로 바쁜 건 좋은데 코앞의 일에 너무 매달려 있는 것은 아닌지 불안한 생각이 자꾸만 든다.

그나마 사무실에 대한 걱정은 그리 많지 않았다. 컨설팅 서비스가 입소문이 나면서 갈수록 매출이 늘어나고 있었고, 직원들도 회사의 방침이나 정책에 대해 점점 이해하고 잘 적응하고 있었다.

문제는 다시 조직을 추스르고 있는 〈차이에듀케이션〉이었다. 초창기에 워낙 힘든 일을 겪었던 터라 조바심을 가라앉히는 게 쉽지 않았다. 먼 출장길을 떠나면서도 계속 둥지를 생각하며 불편한 마음이 한가득 들었다. 더군다나 생각한 만큼 성장을 보이지 않아 근심 걱정으로 잠을 설칠 때가 많았다. 진정한 독서 모임을 운영하는 데에 전력을 다하지 못하니 한편으론 불안한 구석이 있는 게 사실이었다.

가뜩이나 초창기에 있었던 이런저런 좌충우돌로 여러 가지 아픔을 겪은 후라 더 이상의 실패는 치명적일 수밖에 없었다. 이제부터라도 주먹구구식의 운영은 경계해야만 했다. 나처럼 회사를 운영하고 책임지는 사람들은 전략적인 사고는 물론, 리더십을 고민할 수밖에 없다. 팔로십도 중요한 고민거리로 떠오른다. 구성원의 입장에서 조직과 리더를 어떻게 바라보는지를 이해하고 있어야 한다.

전략적 사고는 단순히 미래를 바라보는 능력을 뜻하는 게 아니다. 한 수 두 수 미리 내다보고 포석을 까는 것만이 전부가 아닌 것이다.

그런 거라면 참모의 역할을 하는 사람들로도 충분하다. 리더 혹은 작은 모임이나 조직이라도 앞장서 이끄는 입장에 있다면 큰 흐름을 읽을 줄 알아야 한다.

독서도 마찬가지다. 자잘하게 지식을 얻는 독서에만 머물 수 없다. 앞서 말한 대로 필기와 사색, 토론에 이어 자신을 리뷰, 즉 되돌아보고 성찰하는 독서가 이루어진다면 자연스레 큰 물줄기를 찾는 독서로 이어진다. 그런데 이런 큰 줄기의 흐름을 찾는 독서는 자기 관리가 뒷받침되어야 한다.

자기 관리가 부실한 사람이 전략적인 사고를 가진다는 것은 말뿐인 이론가 행세를 하는 것과 다를 게 없다. 왜냐하면 자기 관리가 제대로 되지 않는 사람은 전략적인 사고를 할 수가 없기 때문이다. 예를 들어, 시간 관리는 전략적인 사고와 밀접한 관련이 있다. 목표가 있더라도 시간의 효율적인 배치와 계획이 없으면 공허한 말장난에 그치고 만다.

예전에 평소 두 시간 정도 걸리는 곳에서 약속이 있었다. 자주 가던 곳이라 별생각 없이 그날도 두 시간을 생각하고 차로 움직였다. 그런데 하필이면 그날 차들이 꿈쩍도 하지 않았다. 시간이 흐를수록 속은 타들어갔고, 차를 버리고 갈 수도 없는 노릇이라 생각보다 꽤 늦고야 말았다. 뒤늦게 도착하니 모임은 취소됐고, 남은 사람들의 원망 어린 불만을 다독이느라 애를 먹었다. 시간에 맞춰 움직인다는 게 그만 애꿎게 피해를 주고 만 것이다.

내가 좀 더 전략적인 생각을 하고 있었더라면, 미리 예상치 못한 변수를 고려하여 시간을 잡거나 대중 교통수단을 선택했을 것이다. 리스크를 알고 움직였어야 하는데 너무 안이하게 생각했던 게 후회스러웠다. 시간 관리조차 제대로 못하면서 모임이나 강의를 전략적으로 계획하는 것은 본말이 전도된 것이나 다름없었다.

자기 관리와 전략적 사고는 선순환 구조처럼 서로 맞물려 있다. 이 둘은 무엇보다 신뢰와 관련이 있다. 말과 행동이 일치하는 사람의 존재감은 무거울 수밖에 없다. 말이 번지르르한 사람은 똑똑하다는 평가는 받을 수 있을지 몰라도 신뢰하는 존재로 인정받기는 힘들다. 이런 상황에서 책을 읽는 건 매우 위험하다. 말만 앞세우는 나쁜 습관을 가질 수 있다. 전략적인 사고를 하는 것처럼 보이지만, 결국 한 치 앞을 내다보지 못하는 빈 수레가 될 가능성이 높다.

한때 유한킴벌리의 문국현 전 대표가 했던 강의를 수십 번이나 들은 적이 있었다. 그분의 경영 철학이나 기업 운영 등 많은 부분에 공감했고, 배우고 싶었다. 그중에서 신뢰를 강조한 것은 지금까지도 인상적으로 남아 있다. 신뢰를 통한 비즈니스야말로 가장 전략적인 비즈니스라 할 수 있다. 당장 서점에 나가면 비즈니스 전략이나 경영 기법에 대한 책이 수백 권 나와 있다. 그런 책들이 베스트셀러가 되기도 하고 실제 생활에 효과를 보인다고도 하지만, 단지 책을 보고 따라 했기 때문일까. 똑같이 읽고도, 어떤 사람은 해봤자 소용없었다며 투덜댄다. 그런데 어떤 사람은 책 덕분에 운영이 개선됐고 조직에 많은 도움이 됐다고 안도한다. 두 사람의 차이는 바로 신뢰다. 책 자체에 대한 신뢰뿐만 아니라 그것을 현장에서 적용할 때, 구성원들끼리 신뢰를 함께 쌓아갔기 때문이다. 혼자 다 아는 척 닦달하지 않고, 목표를 향해 정진해가는 동반자들의 노력에 함께 신뢰를 쌓아갔기 때문이다.

한번은 작가님과 이런 대화를 나눈 적이 있다.

"이번에 재벌 3세 경영자들이 모인 자리에 초청을 받아 인문학 특강을 하고 왔는데, 한 가지를 크게 배웠어."

"이번에는 또 뭘요? 어디든 특강을 하고 나면 늘 크게 배운다고 하시잖아요."

"아니 글쎄, 우리나라에서 가장 돈이 많은 사람들의 가장 큰 걱정거리가 돈이 부족하다는 것이더라고. 깜짝 놀랐지 뭐야."

"아, 그건 좀 충격적이네요."

"하하. 덕분에 돈의 본질에 대해 더 잘 알게 된 것 같아. 아, 그리고 말이야. 그들도 너랑 같은 고민 속에서 살고 있었어."

"어떤?"

"네가 전에 말했잖아. 회사를 덕치경영으로 이끌어야 할지, 법치경영으로 이끌어야 할지 고민이 너무 많다고. 재벌 3세들도 그걸로 고민하더라고."

"그래서 뭐라고 답해주셨어요?"

"너한테 해준 답변하고 똑같이 해줬지. 자기 자신에게는 법치경영을, 임직원에게는 덕치경영을 하면 된다고 말이야. 그리고 쓴소리를 덧붙였지. 여러분이 사실은 자신에게는 덕치경영을, 임직원에게는 법치경영을 하고 있는 것 아니냐고. 그렇지 않다면 우리나라 경제가 이토록 어려워질 수 없다고 말이야."

"다들 기분이 좋지만은 않았겠네요."

"뭐, 그런 쓴소리를 듣고 싶어서 나를 부른 게 아니었을까. 그건 그렇고, 넌 어때? 덕치경영과 법치경영을 누구에게 적용하고 있어? 네가 만일 그들처럼 한다면 너도 결국 세상을 어지럽히는 무리 중 하나가 될 것 아냐."

나는 그날 작가님과 오래도록 각 경영의 원칙과 방법에 대해 토론했다. 결국 답은 독서였다. 덕치경영의 뿌리인 《논어》와 법치경영의 뿌리인 《한비자》를 더 치열하게 읽고 나 자신과 회사의 경영에 적용해보기로 했다. 여기에 더해 작가님은 《손자병법》의 지혜를 추가할 것을 권했다. 한마디로 덕치경영과 법치경영을 조화롭게 잘하려면 병법의 전략적인 안목과 지혜가 필요하다는 의미였다.

스스로 열심히 살아야겠다는 생각은 늘 하고 있었다. 그러나 내가 전략적인 안목과 지혜를 갖춘 사람이 되어야 한다는 생각은 그리 많이 하지 못했다. 게다가 평소 겸손을 미덕으로 생각했기에 전략적 사고니 리더의 안목이니 하는 것이 다소 꺼려지는 게 사실이었다. 그래도 작게나마 한 회사를 책임지는 대표이고, 작가님과 함께하는 교육 회사까지 이끌고 있는데 말이다.

⤜ 이지성 작가의 멘토링 ⤛

▶ 독서를 통한 논리적 사고력은 전략적 안목을 키워준다.

▶ 시간 관리를 비롯한 자기 관리야말로 전략적인 사고와 행동을 갖추게 한다.

▶ 스스로 엄격해질 필요가 있다. 리더라면 더욱 그래야 한다. 또한 리더의 필요 요건을 생각해보고 전략적 사고를 키우기 위한 독서를 할 수 있어야 한다.

▶ 경영이라는 것은 단기적 안목과 장기적 안목이 모두 필요하다. 나무도 보고 숲도 봐야 한다는 것이다. 장기적 안목으로 숲을 보지 못하면, 바쁜 일상에 매몰되어 혁신과 성장을 추구할 수 없다. 독서는 이러한 장기적인 관점을 제시해줄 수 있는 도구다.

또 하나의 사례가 있다. 홍대 근처 볼일이 있으면 종종 가는 중국집이 있다. 자고로 식당은 크고 자본도 어느 정도 있어야 잘된다. 그런데 이런 상식을 거스르는 작은 식당이다.

맛집이라 소문이 나면서 은근히 찾는 손님들이 많다. 이젠 자리도 협소하고 맛에 대한 호평도 끊이지 않으니 당연히 규모를 좀 더 키우

지 않을까 생각했다. 그런데 예상이 빗나갔다. 모처럼 갔는데 어떤 요리를 주문하자 재료가 없어서 만들 수 없다고 한다. 볶음밥을 시키니 쌀이 없어서 안 된다고 하고, 어느 날은 짬뽕을 시키니 반죽할 밀가루가 없어서 면 종류가 안 된다고 한다.

"무슨 고집이죠? 당연히 재료를 미리미리 준비해야 하지 않나요? 어느 식당엘 가도 재료가 없어서 안 된다는 집은 처음이에요. 그것도 한두 메뉴여야 말이죠. 이렇게 해서 식당을 키울 수 있을까요? 저러다 유지는커녕 있던 손님도 떨어질 것 같은데."

그러나 작가님의 생각은 달랐다.

"회사나 식당이 규모를 키우는 게 과연 전부라 할 수 있을까? 그게 성공의 척도일까?"

"아니, 돈을 벌어서 자꾸 규모를 키우고 매출을 늘려야죠. 수익을 높이는 것이 기업의 경영 목적이잖아요."

"간혹 원가를 줄여서 규모를 키우겠다는 생각도 하잖아. 좋지 않은 재료를 쓰거나 인건비를 아껴서 질이 떨어지는 경우가 많아. 그런데 이 식당은 적어도 자신들이 만들어내는 음식에 대한 자부심만큼은 어디 내놔도 부끄럽지 않게 최고의 수준을 유지하고 있어. 이것도 일종의 전략적인 사고인 거야."

결국 이 식당을 떠올릴 때마다 '최고, 신뢰, 자부심'이란 단어를 자연히 연관시키지 않겠느냐는 것이었다. 고개는 끄덕였지만 내심 골치가 아팠다. 그때까지도 대표는 편하고 우러러보는 존재라는 철없는 생각을 좀체 버리지 못하고 있었다. 작가님의 생각처럼 혹독하게 자기 관리와 전략적인 사고를 끊임없이 하는 것이 왠지 두려웠다. 대표가 돼서도 그렇게까지 해야 하는 건지, 또 내가 그렇게 과연 할 수는 있을지 자신이 없었다.

한동안 혼자서 속앓이했다. 그때 나의 고민을 덜어준 것은 역시 책이었다. 책에 나오는 인물들은 '할 수 있을까'에 대한 의문을 '할 수 있다'는 것으로 증명해주었다. 책 속에는 처음부터 좋은 환경에서 아무 고민이나 어려움 없이 끝내 성공한 사람들의 이야기는 없었다. 불가능을 가능으로 바꿔나가는 과정에서 그들이 보여준 전략적인 사고나 도전 정신은 상당한 자극이 되었다. 또한 게으르면서 성공한 사람은 없다는 평범한 진리를 다시금 떠올렸다.

《도설천하 삼십육계圖說天下 三十六計》는 전략이 왜 필요한지를 깨닫게 해준 책이다. 이 책은 서른여섯 가지의 병법을 뜻하는 삼십육계의 의미와 배경, 사례 등을 담고 있는데 당시 살벌한 전쟁터나 지금의 회사 경영이나 비슷한 면모가 많았다. 이 책을 통해 나는 현재 어떤 상황에 놓여 있고, 또 이런 상황에서 무슨 전략을 마련해야 하는지를 나름 고민할 수 있었다.

규모가 전부는 아니라는 말에 나는 내가 운영하는 회사를 돌아봤다. 과연 어떤 밑그림을 그리면서 나아가고 있는지 돌이켜봤다. 회사의 이득만 너무 내세우지 않고 고객의 이익을 지켜주는 것을 통해 수익성을 도모한다는 원칙은 진즉부터 가지고 있었다. 그런데 원칙만 그런 건 아닌지 곰곰 따져봤다.

실제로 회사를 찾아온 고객들은 단순한 금융상품 말고도 전반적인 재무 관리에 대해서 궁금해한다. 그런데 우리 회사가 취급하는 상품은 보험 관련이라 대체로 보험 부분만 이야기를 주고받는데, 이게 타당한지 고민했다. 보험 컨설팅을 하다 보면, 자연스레 고객의 재무 상황을 알 수밖에 없다. 이 과정에서 재무 관리가 엉성하거나 다른 곳에서의 과장된 영업 홍보에 속아 쓸데없는 지출을 많이 하는 경우를 종종 본다. 지금까지는 그런 경우를 못 본 척하기도 했다. 괜히 조언했다가 추가 영업을 하려 한다는 불필요한 오해를 받기 싫었던 것이다.

이후 재무와 관련한 강의를 사람들에게 하기 시작한 것은 이 때문이었다. 관행으로 알고 있는 잘못된 금융 상식이나 영업 사원의 실적 위주로 이루어진 컨설팅의 위험성을 강의 형식으로 진행했다. 그랬더니 오히려 강의가 끝난 후에 상품 문의와 계약을 하러 온 사람들이 늘어났다.

애초에 영업을 목적으로 한 강연이 아니었기에 그들과 진솔한 대화를 나눌 수 있었다. 물론 나도 많은 것을 배웠다. 그들이 실제로 나와 같은 사람에게 무엇을 원하는지 깊이 생각하고 고민하게 되었다.

그들은 설계사와 단순히 선물이나 기념일을 챙기는 관계를 원하는
게 아니었다. 오랫동안 신뢰할 수 있는 사이를 원했다. 그렇다면 나
또한 그렇게 해야 한다. 내가 하는 일은 금융상품을 거래하는 것이라
서 단순한 광고나 홍보로서는 고객을 만들기가 힘들다. 그래서 나와
관계를 맺은 고객의 소개로 또 다른 만남이 이루어지는 게 가장 좋
다. 내가 뭔가를 설득하기 전에 스스로 찾아온 고객이 많아야 성공할
수 있다. 결국 다시 소개를 받으려면, 당장의 이익에 눈멀지 않는 게
중요했다.

　현시점에서 나의 전략적인 사고는 고객의 자산을 올바르게 운영하
는 것이다. 안정적이고 지속적인 자산 증가가 이루어지게 해야 나와
의 관계도 꾸준히 이어진다. 기업의 이익이 아닌 고객의 입장에서 방
법을 찾아야 하는 것이다. 지금 하고 있는 금융 강의는, 의도한 건 아
니지만 이러한 전략적인 사고에 들어맞는 활동이 되고 있다. 올바른
정보를 공유하고 제대로 된 자산 관리를 할 수 있는 교육이라 다행히
도 많은 사람들로부터 호응을 얻고 있다. 오죽하면 강의할 때마다 듣
는 질문이 "상담료는 안 받으세요?"와 "이렇게 다 알려주면 수입은
어떻게 해요?"였다. 심지어 "왜 이렇게까지 하세요?"라는 질문도 들
은 적이 있었다.

　정직하게 신뢰를 얻자는 생각이었다. 특히 내가 몸담고 있는 분야
에서는 이것이 가장 강력한 무기이자 필수 항목이었다. 이렇게 했더

니 실제로 회사도 꾸준히 성장하고 있다. 거창한 비전을 제시하지 않아도 직원들도 스스로 공감하며 성장을 추구하고 있다. 올바른 방향성만 보인다면 그 자체로 강력한 동기부여가 되는 것이다.

그때마다 독서는 전략적인 사고를 갖추는 데에 많은 도움을 주었다. 좁은 시야를 넓혀줄 뿐만 아니라 내가 갖춰야 할 덕목이 무엇인지도 알려주었다. 책을 읽으면서 내가 얼마나 울창한 숲 속에서 눈앞에 나무만 바라보며 살아왔는지 무수히 깨달을 수 있었다. 고가의 수업이나 족집게 선생이 부럽지 않다. 책이야말로 손만 뻗으면 지혜를 기꺼이 나눠주는 벗이다.

⸱ 할 수 있는 일, 해야 할 일 ⸱

시간이 날 때마다 금융 관련 강의를 진행하고 있다. 단순히 재능
기부가 즐거워서가 아니다.

눈앞의 표지판만 바라보며 달려온 세월이 있었다. 보험 사업을
시작할 때 수익이 무엇보다 중요했다. 하지만 고객이 성장해야
곧 회사도 성장한다는 걸 깨달았다. 이 마음으로 강의를 시작했
고, 강의를 찾아온 사람들은 곧 잠재적 고객으로 연결되었다. 내
가 할 수 있는 일, 해야 할 일을 했더니 회사의 성장이 자연히 따
라온 것이다. 함께 성장할 수 있도록 도와준 책들을 소개한다.

| 미야모토 무사시의 오륜서 | **미야모토 무사시** |

철저한 자기 수련과 노력을 통해 전략과 원칙을 세우고 준비하는 모습을 볼
수 있었다. 책을 읽으면서 수시로 지금 내가 무엇을 해야 하는지 생각했다.
결국 '적은 내 안에 있다'를 떠올리고 스스로를 극복해가는 과정을 보며 현
재의 자신을 지속적으로 쇄신해야겠다고 생각했다.

| 경호! | **켄 블랜차드·셸든 보울즈** |

동화를 읽는 것처럼 쉽게 읽었다. 다람쥐 정신, 비법의 방식, 기러기 선물 등

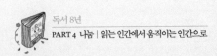

비교적 쉬운 예화로 조직 문화의 문제를 풀어주었다. 조직 문화에 관심이 많으면 도움이 될 만한 책이다.

| 무경칠서武經七書 1~2 | 이충렬 |

병법서는 사업을 하는 사람에게 가장 필요한 책이라고 할 수 있다. 단순히 이기는 방법만 알 수 있는 게 아니라 사람의 심리, 성격까지 파악해 세심하고 철저하게 준비하는 과정이 사업과 많이 닮았다. 리더의 전략적 사고가 만들어지는 과정에 대해서도 알 수 있었다.

| 도설천하 삼십육계 | 도설천하 국학서원계열 |

전략은 언제, 어디서, 어떻게 필요한 것일까. 그 전략이 지금의 사업에서 필요한 것일까. 필요하다면 어떻게 적용할 것인가. 경영을 전쟁에 비유해 생각해보면 병법서를 왜 읽어야 하는지 알 수 있다.

| 육도·삼략六韜·三略 | 유동환 역 |

강태공(태공망)이 썼다고 해서 꼭 읽어야겠다고 마음먹은 책이다. 국가 경영, 용인술, 수신의 원칙 등을 이해하는 데 큰 도움이 되었다. 고전의 저자들이 인간 본질에 대한 이해를 바탕으로 정책을 수립하고 실행하는 과정을 보며 조직 운영, 리더십 등을 배울 수 있었다.

| CEO의 다이어리엔 뭔가 비밀이 있다 | 니시무라 아키라 |

바쁘다는 핑계로 일을 미루며 스스로 변명과 합리화를 해온 모습을 반성하게 해준 책이다. 저자는 나보다 훨씬 바쁜 와중에도 일할 수 있는 상황을 만들고 효율적인 시간 배분을 통해 꾸준히 성과를 내고 있었다. 나름대로 일정 관리를 하면서 바쁘게 살아왔다고 생각했는데, 이 책을 읽고 나서 좀 더 전략적으로 시간 관리에 접근해야 한다는 것을 깨달았다.

| 톰 피터스의 미래를 경영하라 | **톰 피터스** |

마케팅을 포함해 경영에 관한 거의 모든 것을 포괄적 관점으로 분석한 책이다. 특히 사람의 심리를 최대한 활용해 전략적으로 마케팅해야 한다는 것과 사업의 성사와 끝이 어떻게 연결되는지에 대해 진지하게 고민했다. 이 책을 통해 업무의 중요도를 생각하고 단계를 설정하는 전략을 짜는 데 필요한 핵심적인 내용을 배울 수 있었다.

| 앨빈 토플러 부의 미래 | **앨빈 토플러·하이디 토플러** |

사람에 대한 깊은 이해를 바탕으로 앞으로 전 세계에 미치는 산업의 변화 및 흐름을 이야기한 책이다. 개인적으로 미래를 예측하는 책을 좋아하지 않지만, 상당한 논리와 근거를 제시한 것이 인상적이었다. 인생을 설계하고 준비하려면 반드시 읽어야 한다.

| 더 나은 삶을 위하여 | **오그 만디노** |

스스로를 경영하는 전략적 자기계발서이지만, 쉽게 읽히며 오랜 여운을 남긴다. 저자가 추천하는 원칙을 적용해 삶의 가치와 행복의 기준을 만들어갈 수 있는 지침서다.

╡ 행복을 꿈꾸는 책 ╞

책을 가까이 하면서 늘 잊지 않으려는 게 있다. 어떻게 하면 내가 독서로 깨달은 것을 나눌 것인지를 고민하는 것이다. 그동안 혼자 성공하는 법을 추구하는 데 관심이 많았다. 그러나 작가님은 매번 나의 이기적인 생각에 제동을 걸었다. 독서를 하는 이유는 함께 행복한 삶을 꿈꾸는 것이어야 한다고 말이다.

독서의 속성은 함께하고 나누는 것이다. 독서를 통해 얻은 지식이나 지혜를 토론과 실천으로 아낌없이 나눠야 한다. 나만 잘되고 행복하자는 게 아니다. 내가 깨달은 것을 주위에 알리는 것 자체가 함께 행복해지자는 실천인 셈이다.

독서가 습관이 된 지 어느 정도 시간이 지났을 무렵, 작가님은 나에게 또 한 번 물었다.

"진정한 성공이 뭐라고 생각해?"

독서를 하다 보면 자신이 읽은 이야기를 주위에 나누고 싶다는 욕망이 자연스레 생긴다. 그 욕망은 그저 자랑일 수도 있고, 책을 통해 알게 된 이야기를 공유하고 싶다는 마음일 수도 있다. 나 같은 경우에는 그랬다. 독서 초기에는 아무래도 들떴던지라 책에서 새롭게 깨달은 내용을 떠들어댔다. 그러나 점차 성찰의 도구로, 삶의 길잡이로 받아들이는 순간 공감과 공유의 필요성이 더 중요하다는 것을 알게 되었다.

독서의 마지막 과정이 글쓰기가 되는 것도 같은 이유 때문이다. 특히 자신이 일궈온 삶이나 일에 대해 전문적으로 글을 쓰는 저자들은 대부분 자신이 깨달은 것을 알리고자 하는 마음이 더 크다. 독서의 자연스러운 수순은 이처럼 주위에 선한 영향력을 발휘하는 것으로 이어진다.

〈차이에듀케이션〉이라는 교육 회사를 세운 것도 그런 고민의 산물이었다. 지난 2012년, 작가님이 서울에서 2천 명을 대상으로 자기계발 특강을 한 적이 있었다. 큰 행사인 만큼 준비할 것도 많고 당일 행사에도 많은 손길이 필요했다. 그 특강은 작가님의 재능 기부였기 때문에 인력을 지원받을 방법이 별로 없었다. 그렇다고 돈을 지불하며 고용할 수 있는 상황이 아니었다. 그때 행사의 취지에 맞게 자원봉사자를 모집했는데, 많은 사람들이 기꺼이 지원을 해주었다. 작가님의 책을 읽고 만든 온라인 카페 〈폴레폴레〉의 회원들이었다. 그들은 평소에도 일상적인 독서에 관심이 많았고 나눔의 의미에 대해서 깊은 관심을 가지고 있었다.

작가님은 당시 행사를 준비하면서 왜 이런 나눔을 해야 하는지 그 의미를 봉사자들과 공유했다. 그저 행사에 나와서 차질 없이 일이 진행되도록 업무 지시만 하는 게 아니었다. 본격적인 지원에 앞서 나눔의 의미부터 이야기를 나눴다. 단순히 행사장의 일꾼으로 참여시키지 않았다. 그들 역시 자신이 좋아하는 작가가 뭔가를 한다고 해서 팬심으로 돕는 게 아니라 봉사하는 것 자체가 진정한 나눔의 일환이라는 것을 알고 자신의 일처럼 열심히 활동했다.

작가님의 팬카페에는 이처럼 나눔을 함께하며 의미를 알아가는 회원들이 많지만, 일부는 잘못된 길로 빠지기도 한다. 작가님이 가장 경계하는 것은 오로지 개인의 성공만을 위해서 카페에 가입해 활동하는 것이다.

작가님처럼 자기계발과 관련된 강연을 하는 사람은 찾아보면 꽤 많다. 대부분 존경받을 만한 위치에 있거나 위대한 성취를 거둔 사람들이다. 그런데 어떤 사람은 자신이 사업이나 세일즈로 성공한 경험도 없으면서 강의를 열기도 한다. 자신만의 콘텐츠가 없이 책에서 보거나 여기저기서 베낀 내용으로 하는 것이다. 정작 그 내용을 들어보면 깊이 있는 성찰을 찾아보기 힘들다. 심지어 앞뒤 맥락이 전혀 다른 것을 오독하여 사람들에게 말하는 경우도 봤다. 가족들과 어떠한 삶을 살고 싶은지, 어떻게 해야 성공해서 부유한 삶을 누리는지 지극히 속물적이고 자극적인 발언을 던지기 일쑤였다.

간혹 자신의 분야에서 나름 성공을 거둬 롤 모델로 인정받는 사람도 이런 자리에 나선다. 청중은 경제적인 곤란함을 극복해야 하거나 일확천금을 노리는 경우가 많아 열광을 하며 반긴다. 때로 강연장은 마치 종교 집회처럼 곳곳에서 울고불고 하는 장면도 펼쳐진다. 그런데 은근슬쩍 상품 판매를 강조해 그 판매의 실적이 자기계발의 열정과 도전 정신을 측정하는 기준인양 말하는 경우도 있다.

책을 읽고 자기계발을 한다는 사람들의 또 다른 모습을 보고 충격을 받을 수밖에 없었다. 오로지 자신의 생존을 위해 얄팍한 지식으로 무장하여 화려한 말솜씨를 개발하는 것이 영 마뜩치 않았다. 무엇보다 악성 기업처럼 결국 많은 사람들을 이용해 이득을 취하는 것은 심각한 사회문제가 될 수 있었다.

자기계발에 대한 사람들의 오해 중 하나가 개인의 성공만을 강조한다는 것이다. 물론 자기계발을 잘한다면, 개인이 이루고자 하는 꿈을 실현할 수 있으니 아주 틀린 말은 아니다. 그러나 그 꿈이 돈을 많이 버는 데에만 집중해 있으면 안 된다. 꿈은 자존감을 키우고, 완성된 인격체로 성장하는 것에서 시작되어야 한다.

작가님을 찾아온 사람들 중에 잘못된 자기계발의 길을 걸으려는 사람들이 있다. 이런 사람들에게는 올바른 길을 함께 가자고 한들 그다지 반응이 없다. 그래서 나는 작가님에게 교육 모임을 만들자고 제안했다. 〈폴레폴레〉의 독서 친목 모임보다 좀 더 진일보한 제대로 된 교육 과정을 개설해 지원하자고 했다.

김혜자의《꽃으로도 때리지 말라》는 이런 나의 결심을 굳히게 해준 책이다. 한 사람의 작은 도움이지만 아프리카 아이들의 목숨을 건질 수 있었다. 또 해마다 수십 시간 걸리는 비행기를 타고 아프리카로 가는 저자의 모습에서 큰 감동을 받았다. 나도 누군가에게 당장 작은 도움이나마 줄 수 있을 것이라 생각했고, 곧 교육 사업을 고민했던 것이다.

"그래? 그거 좋은 생각이네. 그럼 그 모임의 이름은 '차이'라고 하는 게 어떨까? 기존의 교육이나 자기계발과는 다른 교육을 한다는 의미에서 '차이'인 거지."

"좋은데요. 그럼 일단 시작해보겠습니다."

〈차이에듀케이션〉은 그렇게 탄생했다. 사실 설립 단계부터 꼼꼼하게 준비하고 시작한 것은 아니었다. 일단 좀 더 체계적인 교육 모임이 필요하겠다는 생각에 무작정 출발한 조직이었다. 초기 운영을 위한 비용을 마련하는 일도 쉽지만은 않았다. 자본금을 출판사로부터 빌리기도 했고, 사무실 월세를 내지 못할 만큼 곳곳에 어려움이 많았다.

사람들이 종종 나에게 〈차이에듀케이션〉이 뭐 하는 곳이냐고 물으면 "한마디로 교육 봉사를 하는 곳이다. 그리고 책을 읽고 스스로 성장하는 곳이다. 그렇게 성장한 친구들과 함께 교육 봉사를 하러 다닌다"라고 간단히 대답한다. 독서와 토론을 통해 생각을 키우는 트레이닝을 지속하면서 자기 관리를 하는 것이다. 따라서 이 모임은 독서가 우선이 될 수밖에 없다. 작가님은 이곳을 찾아온 사람들에게 제대로 된 독서부터 강조한다.

"박사 학위 논문을 쓰려면 참고 도서가 100권에서 150권이나 된다고 합니다. 100권 정도의 책을 제대로 읽게 되면 누구나 스스로의 힘으로 독서 박사의 길을 걸을 수 있습니다."

앞서 내가 작가님의 도움으로 독서를 시작했던 초창기 시절처럼 다독과 반독 등으로 차근차근 독서 근육을 키우는 것이 첫 출발이다. 그리고 플래너를 통해 자기주도적이고 계획적인 삶을 살 수 있도록 노력하고, 사회적인 성취와 자아성찰로 이어질 수 있는 하루 관리를 사람들과 공유해나가야 한다.

현재 〈차이에듀케이션〉의 모든 프로그램은 독서 중심으로 운영되고 있다. 주체적으로 살아가기 위한 자기계발 과정인 '제대로 읽기'와 고전을 함께 읽으며 토론해나가는 '인문학 제대로 읽기', 하루에 초점을 맞춰 인생을 주도하는 방법을 배우는 '하루 관리'와 새로운 경제관으로 기존의 경제관념을 바로잡아주는 '생각하는 경제' 등이 있다.

〈차이에듀케이션〉이 지향하는 것은 결국 선한 영향력을 갖춘 사람들을 양성하는 것이다. 그들이 이곳에서 배우고 성장한 만큼 도움이 필요한 사람들에게 그 배움을 나누는 것이 목적이다. 공동체의 구성원으로서 살아가기 위한 길을 찾는 곳인 만큼 '서번트 투어'와 같은 봉사 활동에 많은 사람들이 함께하고 있다.

작가님과 나는 특강 형식을 통해 참여하고 있다. 프로그램을 만들고 회사를 운영하는 일련의 과정에서 초보의 서툰 면모를 드러내기도 했지만, 지금은 그나마 안정적으로 꾸려가는 중이다.

뜻이 좋다고 해서 반드시 성공하는 것은 아니다. 그러나 신념을 버리지 않는다면 비록 실패하더라도 자양분으로 활용할 수 있다. 〈차이에듀케이션〉의 설립과 운영 과정에서 여러 우여곡절을 겪었지만 그래도 포기하지 않은 것은 오직 신념을 버리지 않았기 때문이다.

⇢ 이지성 작가의 멘토링 ⇠

▶ 독서의 목적은 더불어 사는 행복을 추구하는 것이다.

▶ 좋은 일이 있으면 당장 시작하라. 독서 토론도 지식과 지혜의 나눔을 당장 할 수 있는 기회다.

▶ 어려움이 있더라도 올바른 신념을 지키면서 그 과정을 기록하여 반면교사로 삼을 줄 알아야 한다. 독서를 통해 함께하고 나누는 의지를 다지는 게 중요하다.

우리가 하는 교육 봉사는 지식의 전달이 아니라 사랑과 관심의 공유다. 그래서 가르친다는 생각보다 대화와 토론을 통해 서로가 서로에게 긍정적인 영향력을 주고받는 것이다. 이러한 선한 영향력을 갖춘 사람들이 많아진다면 좀 더 나은 사회공동체를 기대할 수 있지 않을까.

작가님은 모든 것이 기승전 '기부'다. 그래서 가끔 사람들이 오해하는 경우도 있다. 원래 돈이 많은 것이 아니냐고 말이다.

내가 작가님을 처음 만났을 때만 해도 작가님은 성남의 한 허름한 옥탑에서 살고 있었다. 베스트셀러 작가라고 해도 화려하게 사는 것과는 거리가 멀었다. 당시 작가님이 했던 이야기는 아직도 잊히지가 않는다.

"진정한 성공이 뭐라고 생각해?"

"글쎄요. 잘 먹고 잘 사는 것?"

"그럼 매일 세 끼씩 밥을 먹으면서 혹시 책은 세 권씩 읽어?"

"네? 어떻게 하루에 세 권을 읽을 수가 있어요?"

상상해본 적도 없었다. 작가님은 사실 진정한 성공에 대해 평소 얼마나 깊은 고민을 하며 살아가는지 물어본 것이었다. 그리고 성공한 사람들에 대해서도 공부를 하고 있느냐고 물었을 때는 더 이상 아무 대꾸도 하지 못했다.

"기부하자."

어떻게 성공에서 갑자기 기부로 이어지는지 이해하기 어려웠다. 내가 알 수 없다는 표정을 짓자 작가님은 진지하게 말했다.

"약자를 도와야 해. 진정한 성공은 남을 위해 사는 삶이야."

진정한 성공은 나눔과 봉사라는 것이다. 그리고 그렇게 하려면 우선 자신을 성장시키는 공부를 해야 하니 독서를 치열하게 하라는 것이다. 작가님은 누구를 만나더라도 독서의 최종 종착지는 나눔의 삶이어야 한다고 강조한다. 그것이 삶의 목적이어야 한다고 귀가 따갑도록 이야기한다.

"필부로 살 것인가, 아니면 대장부로 살 것인가. 그 선택의 몫은 자신에게 있지. 물론 뜻을 세우고 실천하는 과정에서 비난받을 수도 있어. 나도 얼마나 많은 오해를 받고 또 사기를 당했는지 봤잖아."

"네, 그래서 힘들어하신 적도 있었죠."

"그랬지. 그래도 올바른 신념과 뜻이 있기 때문에 앞으로 그런 일이 있어도 두렵지 않아. 설사 또 그렇게 되더라도 설레고 즐거울 때가 더 많을 거야."

〈차이에듀케이션〉의 경영이 어려움을 겪고 있을 때였다. 작가님은 힘든 것만큼이나 즐겁고 설레는 나눔의 기쁨을 일깨워줬다. 〈차이에듀케이션〉을 만들어서 교육 봉사를 제대로 해보자고 제안했던 내가 외려 힘들다고 어깨가 축 처져 있었다.

그 대화 이후로 내 사업을 핑계로 미뤄왔던 일에 대해 냉철한 반성을 하게 되었다. 또 큰일을 도모하는 것만 생각하지 않고 당장 실천할 수 있다면 작은 일이라도 소중하게 여겼다. 이후 〈차이에듀케이션〉은 문을 닫을 뻔한 상황이 여러 번 찾아왔지만 멈추지 않고 위기를 이겨낼 수 있었다.

함께하고 나누는 것은 내가 직업으로 하고 있는 일에서도 마찬가지다. 나의 비전은 우리나라를 비롯해 전 세계까지 올바른 경제 금융 교육을 전파하는 것이다. 잘못된 정보나 상식 때문에 사람들이 피해를 보는 일이 가급적 없었으면 하는 바람이다. 땀 흘려 일군 자산을 헛되이 잃어버리지 않고 마지막까지 삶을 잘 영위할 수 있도록 도와주는 게 소망이다. 내가 독서를 하는 진짜 이유다.

이제 내가 그런 사람이 되자

처음 독서를 시작할 때만 해도 내 코가 석 자였다. 책을 통해 혜안을 얻고 지금보다 더 나은 삶을 살겠다는 생각뿐이었다. 성공하고 싶었기 때문이다. 하지만 진정한 성공은 그게 아니었다. 나눔과 기부를 마음먹었을 때, 그리고 그것을 실천했을 때 감동과 희열을 느꼈다. 이제 내가 이끄는 삶이 되고 싶었다. 주변 사람들도 나와 같이 깨달을 수 있도록 독서의 참 의미를 알려주고 싶었다. 그때 그 꿈으로 가슴이 두근거렸다.

| 사람은 무엇으로 사는가? | 이은연 역 |

삶의 가치를 어디에 두어야 하는지 동화 같은 이야기로 묘사되어 있다. 나는 향후 어떤 삶을 살 것인가, 그 일을 왜 하려고 하는가 등 삶에 대한 생각을 하고 방향을 정할 때 많은 도움을 받았다. 특히 아이와 함께 톨스토이의 명작을 읽고 느낀 점을 공유할 수 있어 좋았다.

| 시골 빵집에서 자본론을 굽다 | 와타나베 이타루 |

'자연의 부패 원칙'을 보고 처음에는 단순히 부정부패를 이야기하는 것인 줄 오해했다. 이후 순환을 위한 부패라는 것을 이해하고 무한 성장이 아닌, 선순환 구조의 성장과 분배에 대해 고민한 작은 빵집 이야기를 흥미롭게 읽었다. 자본주의의 무한한 이기심보다 더불어 살아가는 이타심을 볼 수 있었고, 내 직업의 방향성에도 많은 영향을 주었다.

| 꽃으로도 때리지 말라 | 김혜자 |

작가님을 만나 비영리 단체를 처음으로 방문하고 와서 읽은 책이다. 이 책을 읽고 나서 언젠가 비영리 단체를 설립해야겠다고 생각했고, 그 결과가 〈차이에듀〉였다. 약자를 배려하고 존중하고 사랑하고 소중히 하는 삶에 대해 다시 한 번 생각해보았고, 사회적 책임과 나눔의 실천을 보며 앞으로 나의 역할은 무엇인지를 고민했다. 봉사 활동을 생각하는 사람들에게 도움이 되는 책이다.

⸓ 내가 지독하게 읽는 이유 ⸓

나의 독서는 하루 관리의 시작과 끝이다. 독서를 통해 자기계발을 하면서 자연스레 나의 하루를 어떻게 관리해야 할지 고민하게 되었다. 독서로 인생을 관리하는 것이니, 일단 하루부터 관리하는 것이 당연하다. 본격적으로 나는 시간을 쪼개고 계획하기 시작했다.

쑥스럽지만 나는 작가님과 함께 《하루 관리》라는 책을 출간한 적이 있다. 이 책을 쓴 계기는 내가 하루를 어떻게 관리하는지 플래너에 일일이 적고 실천하며 리뷰하는 과정을 지켜본 작가님의 권유 때문이었다. 작가님이 긍정적으로 평가해주는 것은 고마웠다. 하지만 내가 책을 낸다는 것은 왠지 부끄러웠다. 아직까지 책을 쓸 만큼의 수준은 아니라고 여겼기 때문이다. 그러나 작가님은 나의 콘텐츠를 사람들에게 알리고 독서와 일상의 관리에 도움을 주자며 계속해서 권유했다.

플래너는 많은 사람들이 사용하고 있다. 대부분 일과를 간략히 쓰거나 혹은 자신의 계획을 적는 것으로 시작한다. 그런데 내가 써보니 꿈을 적더라도 구체적인 것이 좋다. 예컨대, 가수가 되고 싶다는 막연한 꿈만 끼적일 게 아니라 좀 더 상세한 꿈을 적어야 한다. 노래를 해서 돈을 벌고 싶은 건지, 노래가 아니라도 단지 매스컴에서 유명해지고 싶은 건지, 정말 순수한 마음으로 노래를 무대에서 하고 싶은 건지 등 분명한 목표를 설정해야 한다.

구체적이지 못한 꿈은 실행 과정도 모호하게 흘러갈 가능성이 크다. 아니면 현실성이 없는 몽상에 그치고 만다. 그래서 나는 꿈을 적는 단계부터 구체적으로 쓴다. 우선 개인적인 꿈과 직업적인 꿈으로 나눈다. 개인적인 꿈은 경제적인 활동과 상관없이 이루고 싶은 목록이다. 직업적인 꿈은 어떻게 경제 활동을 할 것인지에 대한 목표다. 각각 구분해야 처음 준비하는 단계에서 실천 과제와 방법을 자세히 적을 수 있다.

다음으로 버킷리스트를 만든다. 꿈보다는 개인의 욕구와 관련된 것을 솔직히 밝힌다. 예를 들어, 바다가 있는 멋진 곳으로 여행을 가고 싶다거나 평소 관심 있던 제품을 사겠다는 것이다. 소소한 욕구라도 일일이 계획하고 정리하는 것이다. 충동적이고 즉흥적인 욕심보다는 나를 위해 보상해줄 수 있는 것으로 채운다.

　내가 작성하는 플래너에서는 꿈과 계획, 실천 방법, 시간 관리에 이어 리뷰가 중요하다. 내 플래너에는 '과거 흔적서'라는 게 있다. 올해 적은 꿈을 위해 지난 10년간 어떻게 살아왔는지를 정리한 것이다. 이런 꿈을 꾼 게 언제부터였는지, 그 계기가 무엇이었는지 곰곰이 돌이켜보는 과정이다. 그러면서 그 꿈이 나에게 얼마나 절실한 것인지 다시 한 번 깨닫고 반성하는 것이다. 그뿐만 아니라 앞으로 10년을 어떻게 할 것인지를 적는다. 이 두 가지를 매번 검토하면서 현재 꿈을 잘 이루어가고 있는지 점검하고 성취감을 맛보기도 한다.

　그중 한 가지를 소개한다. 지금 플래너에는 100명의 아동을 후원하겠다는 개인적인 꿈이 적혀 있다. 그 꿈은 지난 2009년으로부터 비롯됐다. 그때 아프가니스탄의 현실을 다룬 다큐멘터리를 본 적이 있는데, 전쟁의 후유증으로 정상적인 사회공동체의 기능을 상실한 그곳에서 지내는 아이들을 보고 처음 결심한 것을 쓴 것이다. 그리고 매년 그 꿈을 다시 적고 그동안 어떻게 실천했는지를 기록했다. 2009년 당시에는 한 명을 후원했고, 그다음 해에는 세 명으로 늘렸다. 나름대로 내 꿈을 실현하는 과정을 되돌아보는 것은 앞으로의 계획에도 강한 동기부여를 제공한다.

　플래너를 작성하고 플래너에 따라 생활을 하려면, 무엇보다 독서가 중요하다. 꿈의 구체적인 계획과 실행 방법을 찾으려면 관련 도서를 읽고 고민하는 시간이 필요하기 때문이다.

사업과 관련된 책을 읽는 것은 나에게는 취미가 아니라 반드시 해야 하는 과제다. 지금껏 금융과 경제 관련 도서만 300여 권을 읽을 수 있었던 것도 하루 관리 덕분이다. 하루를 제대로 관리하지 못하면 꾸준히 책을 볼 수가 없다. 또한 독서를 통해 나의 생각과 철학을 기록할 수 있다. 플래너에 기록된 내용을 가지고 나만의 커리큘럼과 독서 원칙도 정리한다.

읽어야 하는 주제에 대해 양서와 악서를 구분하지 않는 것도 나만의 원칙이다. 잘못된 주장이나 당장의 성공을 강조하는 책이라도 그 문제점을 살펴볼 수가 있기 때문이다. 그러나 금융 관련 도서가 미래 예측을 통해 수익을 낸다는 주장을 하고 있다면 가급적 추천하지 않는다. 미래를 단정하는 건 함부로 할 수 없다. 예측만으로 성공을 거둘 확률은 낮다. 그렇기 때문에 불확실한 미래를 마치 전지전능한 예언가처럼 말하는 책보다 원칙을 강조하고 지켜갈 수 있는 현실적인 기준을 제시하는 책을 우선 읽었다.

독서와 하루 관리를 하는 것은 성장 때문이다. 독서 습관으로 자신을 성찰하는 것뿐만 아니라 직업적인 커리어의 성장도 꾀할 수 있다. 이를 위해서 전문 독서를 하는 것은 매우 중요하다. 그런데 몇 권 정도 읽는 것만으로는 부족하다. 적어도 100권의 책을 읽어야 그 분야를 이해하는 통찰력이 생긴다. 또 영상과 자료를 찾아 더 깊이 공부를 했다. 그 덕분에 수익만 강조하는, 그러나 그 실체와 실제 효과는 의심스러운 경제 교육의 허상을 알게 됐다. 이제는 차별화된 프로그램을 만들어서 강의를 하고 있다. 지금은 월 150회에 가까운 교육과 강의를 진행 중이고, 나와 회사 모두 성장이 가능해졌다.

지금의 사업을 시작하고 작가님과의 인연을 맺으면서 8년간 독서 공부를 한 것은 내 삶의 방향을 잡는 데 상당한 도움이 되었다. 처음에는 강의 한 번 하는 것도 어려웠다. 많은 사람들 앞에서 입을 떼는 게 힘들어 줄곧 실수를 했다. 그러나 이제는 전국을 돌아다니며 강의하는 게 익숙한 일과가 됐다. 최근에는 지출을 통제할 수 있는 가계부를 만들어 출판하기도 했다. 또 관련 어플리케이션을 개발 중이고, 앞으로 청소년이나 아이들을 위한 경제 교육 프로그램과 게임도 개발할 예정이다.

─ ✦ **이지성** 작가의 **멘토링** ✦ ─

▶ 독서를 통한 자기계발은 스스로 발전한다는 것이다. 조언을 겸허히 들을 필요도 있다. 다만 자신만의 원칙을 세우고 관리할 수 있어야 한다.

▶ 자신의 업과 관련된 전문성을 확보할 수 있는 책을 읽어라. 전문 독서를 하라.

▶ 장기적 안목으로 지속적인 성장을 할 수 있는 방향성을 수립하라.

앞에서 여러 번 밝혔지만, 나의 하루는 독서로 시작하고 독서로 마감한다. 그래야 하루가 관리되고 꿈의 실행 방법도 찾을 수 있다. 본격적인 독서 생활을 한 뒤부터 나의 일과는 다음과 같다.

05:30 ~ 06:00 기상, 세면

06:00 ~ 06:30 독서

06:30 ~ 07:30 운동

07:30 ~ 08:20 독서, 식사

08:20 ~ 08:40 출근

08:40 ~ 09:30 《논어》 읽기, 플래너 정리, 하루 스케줄 정리, 업무 중요도 확인 및 시간 배분

09:30 ~ 23:00 일과 시작, 강의 및 업무, 자투리 시간 독서와 운동

23:00 ~ 23:30 오늘 한 일과 내일 해야 할 일에 대한 계획 점검, 습관 관리와 리뷰 정리

23:30 ~ 24:30 독서

(※ 특이사항 : 매주 금요일 한 주의 점검과 다음 주 일정 확인)

대체로 이런 하루를 보낸다. 10여 년 가까이하다 보니 어느덧 습관이 되어 아주 자연스럽다. 어떤 사람은 초등학교 방학 숙제 시간표도 아닌데 무슨 하루를 그렇게 칼같이 보내느냐고 질색하기도 한다. 그렇지만 몸에 잘 맞는 옷처럼 나는 이제 편안하게 느껴진다.

학력이나 자격증 등 스펙에 목마른 적이 있었다. 그러나 내가 만난 롤 모델은 여기에 연연하지 않았다. 그들의 성공은 오로지 자신만의 관리를 통해 이루어졌다. 그것은 '엄청난 노력'이라는 장작을 태우는 일이었다. 단 한순간이라도 불씨를 꺼뜨리지 않으려 열심히 가열하고 있었다. 그 노력의 정도는 나의 하루 관리를 책으로 낸 게 부끄러울 만큼 치열했다.

누구나 다 열심히 살려고 노력한다는 말을 한다. 그러나 지금보다 더 잘할 수 있는 방법을 찾기 위한 노력도 하고 있는지 묻고 싶다. 더 잘하기 위한 노력이 중요하다. 그냥 반복되는 일상의 패턴을 노력이라고 할 수 없다. 독서는 반복이라 하지만, 매일 똑같은 시간에 똑같은 책을 읽더라도 받아들이는 생각은 다르고 감동도 다르다. 플래너에 그것을 정리할 때는 어제의 내용보다 진화된 것이어야 한다.

의도하는 만큼 모든 일이 잘 이루어지는 경우는 거의 없다. 목표를 100개로 잡는다면 그중에 1개를 겨우 성공시키는 게 현실이다. 단순히 산술로 따지면 100개가 아니라 1,000개의 목표를 세워 실천하려고 노력하면 된다. 실패를 겪는 건 당연하다. 그래서 나는 실패한 것도 플래너에 적고, 그 실패를 어떻게 극복하면 좋을지 고민해보기 위해 관련 도서를 필독한다.

전문 독서는 내가 하는 일뿐만 아니라 경제 교육에도 큰 도움이 되고 있다. 그동안 읽고 공부했던 내용으로 나만의 경제 교육 커리큘럼을 만들어 강연 기부를 하게 된 것이다. 지금까지 사람들이 잘못 알고 있는 경제와 금융에 대해 올바른 내용을 전하며 자산 관리의 길을 제시하고 있다.

앞에서도 잠시 설명했지만, 잘못된 상식과 기업의 이익 추구에 휘둘린 소비자의 피해는 생각보다 심각하다. 전문 독서는 이런 문제를 해결하는 것이 곧 고객을 위한 것이고 또 나와 회사에도 도움이 된다는 생각으로 시작한 것이다. 그리고 영업을 위한 것이 아니라 좀 더 많이 알려야 한다는 생각으로 강연 기부를 하고 있다.

내가 지금 진행하고 있는 '경제 제대로 읽기' 과정은 총 6단계로 이루어져 있다. 각 단계마다 영상과 필독 도서, 참고 도서 등으로 교육 내용을 만들었다.

가장 먼저, 자본주의를 제대로 아는 것부터 교육은 시작된다. 잘못 알고 있는 것이나 선입견 등을 소개하면서 자본주의의 정확한 의미를 알려준다. 두 번째 단계는 금융 자산을 비롯한 5대 자산의 성격과 관리 원칙을 설명한다. 세 번째 단계는 나의 전문 분야라 할 수 있는 금융과 관련한 것이다. 4대 금융의 올바른 의미와 기존의 금융 회사들이 알려주지 않는 사실 등을 하나씩 소개한다. 네 번째 단계는 페이고 자산 관리이다. 돈을 버는 것만 신경 쓸 게 아니라 쓰는 것도 관리하라는 내용이다. 다섯 번째 단계는 자기계발이다. 자산 관리를 비롯한 경제와 자기계발의 관계를 설명하고, 독서와 인문학의 중요성을 알린다. 마지막으로 여섯 번째 단계는 경제 제도의 방향성이다. 탐욕과 제로섬 게임의 자본주의가 아닌 따뜻한 경제를 추구하자는 것이다.

24시간은 누구에게나 공평하게 주어졌다. 제한된 시간의 노예로 살 것인지, 아니면 주인으로 살 것인지는 스스로의 선택에 달려 있다. 당연히 한 번뿐인 인생을 노예로 살 수는 없다. 이제부터라도 시간의 주인이자 삶의 주역이 스스로라는 것을 느끼며 살아야 하지 않을까.

꒪ 매일매일 성장하는 나 ꒪

8년간 독서 생활이 지속됐을 때 내 인생 첫 책을 썼다. 작가가 되기엔 많이 부족하다 생각했지만 플래너 활용법을 독자들에게 알리는 것도 곧 나눔이라고 여기니 한편으론 기뻤다. 1년 전 적어놓은 메모를 매일 아침 이루어진 것, 이루지 못한 것으로 표시하며 즐거웠던 경험을 모두 나누었다. 하루하루 꿈을 차근차근 밟아가는 기분을 여러분도 느낄 수 있길 바란다.

| 하루 관리 | 이지성·황희철 |

꿈, 목표 관리, 시간 관리, 습관 관리, 메모, 독서 일지, 자산 관리 등 스스로 관리하며 발전시킬 수 있는 방식을 정리한 책이다. 자신과의 싸움이 가장 어렵다는 것을 인식하고 수많은 실패를 발판으로 삼아 성공적인 하루를 관리할 수 있는 일상의 솔루션을 이야기 형식으로 구성했다.

| 절제의 성공학 | 미즈노 남보쿠 |

'더 많이, 더 빨리'를 절제하지 못해 발생하는 문제들을 스스로 검토할 수 있게 해준 책이다. 절제를 통해 얻을 수 있는 것들이 무엇인지 생각하게 됐다. 실제로 절제를 잃고 건강을 잃은 경험 때문인지 많이 공감했다.

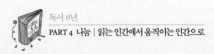

| 무소유 | **법정** |

소유욕으로 인해 잃어가는 자유를 생각하게 되었다. 욕심 때문에 외려 더 큰 것을 놓치진 않았는지 돌아보았다. 생각의 차이가 행복을 가져다주는 것을 경험할 수 있었다.

| 난중일기 | **송찬섭 역** |

이순신 장군의 전쟁 일기로, 처음에는 큰 감흥을 얻지 못했다. 여러 번 읽고 관련 도서를 읽으면서 그의 인간적인 면모와 수장으로서, 신하로서, 아버지로서 살아야 하는 역할과 책임감을 엿볼 수 있었다. 최고의 결과가 만들어지기까지 얼마나 많은 인내가 요구됐을지 감히 상상하며 읽었다.

| 아놀드 베넷의 시간을 관리하는 기술 | **아놀드 베넷** |

연봉 10억 원을 받는 지점장님을 보며 시간 관리의 중요성을 깨닫고 공부하기 위해 읽은 책이다. 모든 인간에게 유일한 평등의 기회는 하루 24시간이다. 이 시간을 어떻게 활용하느냐에 따라 인생이 바뀔 수 있다. 매일 흘러가는 똑같은 시간을 어떻게 효율적으로 사용할 수 있을지 여러 사례들을 통해 배웠다.

리딩, 리드, 그리고 리빙

지적 허영심을 채우려는 초보자의 독서는 오래갈 수 없다. 하루를 관리하며 전문적인 독서를 하는 사람은 삶과 나눔에 관심이 많다. 자기 삶을 주도할 뿐만 아니라 타인의 삶에도 긍정적인 영향을 끼치며 더불어 사는 삶을 실현한다.

빌 게이츠가 "인간에게는 한계가 있지만, 그 한계를 뛰어넘는 것은 독서다. 탁월한 삶을 꿈꾼다면 독서하라"고 한 것처럼 삶의 변화를 꿈꾸는 사람에게 가장 필요한 것은 독서다. 그리고 독서는 1천 권, 1만 권을 읽었다고 해서 끝나는 여정이 아니다. 숙련된 독서를 하고 하루를 관리하는 사람일수록 "책도 읽을수록 맛이 난다"는 세종대왕의 말이 무슨 뜻인지 알 수 있다.

이지성 작가님과 함께 일하는 동안 문득 회의감이 들 때도 있었다. 무엇을 위해 이렇게까지 하는지 묻고 싶었다. 그만큼 과정이 너무 힘들었다. 하지만 언제 그랬냐는 듯 이제는 작가님처럼 똑같이 집중하고 있다. 마치 누가 더 스스로를 혹사시키는지 내기라도 하듯 〈차이에듀케이션〉 교육 사업에 몰입하는 중이다. 작가님은 때때로 이런 말을 한다.

"진정한 동기부여는 사랑이야."

또 다른 수익을 기대하는 게 아니기 때문에 나는 본업과 별개로 〈차이에듀케이션〉 사업을 진행하고 있다. 가끔 이러다 생의 균형이 흔들리는 건 아닌지 걱정이 들 만큼 매달리고 있다. 가족도 챙겨야 하고, 내가 대표로 있는 회사와 직원들도 돌봐야 한다. 그런데 절제가 되지 않는다. 나는 내 일을 하는 것이지만, 그 짧은 순간에도 도움의 손길을 기다리는 사람들이 많기 때문이다.

요즘 정치인은 물론이고 회사 동료나 친구, 심지어 가족까지도 험담하고 욕하는 경우를 종종 본다. 작가님은 세상에 대한 비난을 그리하지 않는다. 누군가를 탓하는 경우도 드물다. 그보다 나를 불러 어디론가 같이 가자고 한다. 그곳은 대체로 우리의 도움이 필요한 곳이다. 작가님을 통해 나눔의 진정한 의미를 깨닫게 되어 진정한 행복을 알게 되었다. 그리고 뒤늦게나마 중요한 것을 배웠다. 바로 자기 주도적인 삶의 방향이다.

8년 넘게 작가님을 만나는 동안, 나는 독서를 배웠고 리더십을 익혔다. 독서와 리더십은 단순한 기술의 수준이 아니었다. 성찰의 독서를 어떻게 할 것인지를 배우면서 조직의 리더십뿐만 아니라 내 삶의 리더십도 배웠다. 끊임없이 왜 책을 읽는지를 묻는 작가님에게서 '삶을 리드하는 삶'이 무엇인지 배웠다.

자기 주도적인 삶을 배우고 나서 실제로 그런 삶이 현실에서 이루어지는 게 너무나 신기했다. 독서가 나를 가치 있는 삶으로 이끈 셈이었다. 플래너도 자기 주도적인 삶을 위한 도구였다. 내 시간을 주도해 배분하고 계획을 세워 실천과 점검을 하는 일상은 누군가의 지시에 따른 것이 아니었다.

독서의 선순환 구조는 읽고, 리드하고, 살아가고, 또 그 삶에 필요한 책을 다시 읽고, 리드하고, 더 나은 삶을 살아가는 것이다. 독서는 아무리 바쁜 일상이라도 스스로를 되돌아보는 계기를 만들어주었다.

언제부터인가 나는 1년에 한두 번 정도 혼자만의 여행을 떠나고 있다. 비싼 휴양지를 찾는 것도 아니고 몇 박을 길게 다녀오는 것도 아니다. 오로지 기차표만 있으면 된다. 청량리역에 가서 대기 중인 기차에 올라탄다. 고속열차만큼 빠르지도 않은 기차를 타고 느긋하게 풍경을 감상한다. 그러다가 돌연히 내리고 싶은 마음이 들면, 그곳이 낯선 곳이라 해도 내린다. 산책을 즐기면서 내가 무엇을 하고 싶은

지, 또 어떻게 살 것인지를 마음속으로 정리한다. 그리고 이따금 기록한다. 이런 여백의 삶이 없으면 리딩과 리드, 그리고 리빙의 선순환 구조를 만들기가 힘들다.

대부분의 사람들은 쳇바퀴 굴러가듯 그저 시간을 보낼 때가 많다. 공부를 해야 출세라도 꿈꿀 수 있으니 학교에 가고, 돈을 벌어야 생계를 유지할 수 있으니 회사에 간다. 오롯이 나를 위해 하루를 계획하고 미래를 내다보는 데에 서툴다. 때론 현실에서 벗어나려고 거창한 꿈을 계획하기도 하지만 막상 무엇부터 시작해야 할지를 몰라 방황하고 고민만 하다 제자리로 돌아간다. 독서의 선순환을 깨닫지 못한 탓이다.

내가 〈차이에듀케이션〉에서 이루고 싶은 소망이 이런 사람들을 도와주는 것이다. 작은 실천이 커다란 포부보다 낫다는 말이 있다. 어쩌면 혼자서 책을 읽고 삶의 큰 변화를 꿈꾸는 사람은 고독하고 외롭고 힘들다. 그러나 자발적 성장을 추구하는 사람들이 모이면 쉬운 포기를 피할 수 있다. 성장의 삶을 공감하는 사람들이 많아질수록 자극과 격려로 힘을 얻고 진정한 동기부여가 되기 때문이다. 독서 모임은 리딩은 물론, 일상을 리드하는 작은 실천까지 할 수 있는 기회를 제공한다. 작은 실천이 모여 리빙, 즉 삶의 변화를 불러일으킨다.

읽고, 주도하고, 삶의 변화를 꾀하는 것은 자신의 삶에서 리더가 된다는 뜻이다. 나아가 누군가에게 작은 힘이나마 보탤 수 있는 멘토

로 커갈 자격을 갖춰가는 과정이라고 할 수 있다. 지난 8년간의 독서
는 이런 삶이 가능해지도록 해주었다. 그리고 이렇게 되기까지 이지
성 작가님으로부터 많은 도움을 받았다. 이제는 나도 여러 사람들에
게 독서의 긍정적인 영향을 나누려고 노력 중이다. 나의 독서 인생을
처음으로 기록한 이 책 《독서 8년》이 여러분에게 좋은 자극제가 된다
면 더없이 기쁠 것이다.

PART 1 태도
절박함이 나를 책으로 이끌었다

대체 왜 읽어야 하는가
- 독서의 시작은 책과의 거리를 줄이는 것부터다. 관심이 있거나 자신과 관련 있는 책을 선택하자.
- 일과 시간을 소분해 독서를 일상으로 받아들일 수 있도록 한다. 가령 술이나 담배 등 독서 시간을 방해하는 습관들을 멀리하는 것이다.
- 필독 도서나 추천 도서를 늘 메모하고 수시로 구매한다. 구매 목록은 물론 읽은 목록도 정리한 후 중요한 내용을 꼭 필사한다.
- 자기만의 독서 데이터베이스를 기록해두는 것이 좋다. 효율적인 독서 생활을 위한 첫걸음이다.

책 읽기의 어려움
- 문맥을 이해하지 못해 책 읽기가 어려울 때가 있다. 독해력을 키우려면 신문이나 잡지 등 배경지식을 쌓는 것이 중요하다.
- 자신이 잘 알고 있는 내용을 다룬 책부터 읽는 게 좋다. 비교적 이해가 쉬워서 가독이 어렵지 않게 느껴진다.
- 책 읽기 위한 환경을 만들 필요가 있다. 책에 좀 더 몰입하기 위해 텔레비전과 스마트폰 등 독서에 방해되는 것은 주위에 두지 않는다.
- 도서관을 자주 찾는 것도 좋은 방법이다. 책을 자주 사기 힘들다면 애용하자.

• 때로는 영화나 만화 등을 보는 게 도움이 된다. 책에 선뜻 손이 가지 않는다면 다른 문화 콘텐츠를 접해보자. 독서의 즐거움을 만끽하는 것이 목표다.

진짜 독서는 마음을 배우는 것

• 자기만의 독서 공간을 찾아라. 방 한쪽 독서대를 갖춘 책상 자리도 좋고, 자신만 알고 있는 조용한 카페도 괜찮다.
• 따로 시간을 내기 힘들다면 짬짬이 읽는 것이 좋다. 조금씩이라도 읽어라. 자투리 독서가 하루 한 권을 가능케 한다.
• 좀 더 정확한 집필 의도와 동기를 알기 위해 그 책을 쓴 저자와 관련된 정보를 찾아보는 게 좋다. 애정이 생길 수 있다.

올바른 태도를 갖추다

• 책을 고른 이유를 떠올리며 현재의 자신과 비교해본다. 그리고 책을 읽고 나서 눈을 감고 성찰의 시간을 잠깐이라도 가진다.
• 좋은 책은 자주 꺼내볼 수 있도록 잘 보이는 곳에 둔다.
• 책은 스승이라는 생각을 잊어선 안 된다. 군인이 총을 닦고, 무사가 검을 귀하게 여기듯 책을 소중히 여길 줄 알아야 한다.

이제 실행력이 필요할 때

• 속독보다 습관이다. 한꺼번에 많이 읽는 것보다 자주 행동으로 옮기는 실행력을 키워야 한다.
• 당장 성공적인 결과를 바라지 마라.
• 꾸준히 실행할 수 있도록 현실 가능한 단계를 계획해야 한다.
• 책을 항상 들고 다녀라. 가까이 있어야 읽는다. 수시로 책을 꺼내볼 수 없는 환경이라면 전자책이라도 보는 게 좋다.

책으로 여는 아침

- 독서 생활의 습관을 점검하기 위한 독서 습관 일지를 작성한다. 횟수와 독서량뿐만 아니라 그날의 일상적인 고민이나 사색했던 명제도 함께 메모한다.
- 일지는 생각나면 언제든 꺼내 쓸 수 있도록 항상 휴대한다.

냉정과 열정 사이에서

- 독서의 냉정과 열정이라는 경계에서 헤매는 것을 막기 위해서 멘토를 구하라.
- 독서로 인생이 바뀐 사람들이 어떻게 멘토를 찾았는지 알아보라. 또 책을 읽고 변한 사람들의 독서법을 눈여겨보라.
- 한 책만 읽고 한 가지 주장에 치우치면 위험하다. 교차 독서를 통해 다른 견해의 책도 읽는 것이 좋다.

나를 세우는 자존감 수업

- 독서를 통해 성장하는 느낌과 과정을 나만의 에세이로 남겨본다.
- 독서의 본질은 지혜의 '나눔'이다. 나눔의 실천과 독서의 선순환 구조를 만들어라.
- 독서는 성찰의 과정이다. 성찰을 통해 자존감을 확인하는 과정이 필요하다. 독서량에 대한 집착보다 성찰의 시간을 확보하는 게 중요하다.

나만의 커리큘럼을 만들다

- 독서 습관 일지와 성장 일지를 함께 쓴다. 이때 독서에 따른 실천 항목을 별도로 정리해 둔다. 실천의 이유도 명확하게 써야 동기부여가 확실히 된다.
- 두 가지 일지는 자신만의 독서 스토리이자 커리큘럼이다. 실행 가능한 계획과 리뷰를 통해 시행착오를 줄여가는 과정도 기록한다.
- 인문고전을 보면서 시대 상황을 공부하고 현재에 대입해보는 게 도움이 될 수 있다. 결국

자기계발은 '나'를 찾는 과정이다. 문학과 역사, 철학 등 인문고전을 함께 읽어라.

책과 현실, 그리고 꿈
- 독서할 때 성공한 사람들의 성과나 결과보다 노력에 초점을 맞춰 읽는다.
- 성공한 사람들의 기사와 글을 스크랩하거나 메모해서 자주 볼 수 있도록 한다.
- 독서 실천이 힘들 때, 심정적인 편안함을 담은 위로나 조언은 자칫 독이 될 수 있다.
- 멘토와의 만남은 내가 궁금한 것을 물어보는 인터뷰의 자리가 되어야 한다.

PART 3 변화
책으로 나를 지켜낸다는 것은

독서 근육 트레이닝
- 독서 습관을 키우는 독서 근육은 다독으로 우선 키워진다.
- 책을 읽다가 어려운 내용에 부닥치면 과감히 넘어가고 나중에 관련 도서를 통해 이해력을 높인다.
- 한 권의 책으로 그치지 않고 같은 주제라도 여러 분야의 책을 동시에 읽는다. 연계 독서 목록을 짜서 함께 읽는다.
- 한 달에 한 권 등 독서를 할 수 있는 현실적인 목표를 설정한다.
- 《논어》 같은 인문고전은 매일 조금씩이라도 보자.

절실하게 읽고 생각하라
- 책에 대한 의문점이나 다른 의견이 있다면 메모한다.
- 소설을 읽을 때는 문화와 생각의 차이를 염두에 두고 읽어라. 고전 작가가 어떤 배경에서 불멸의 작품을 쓸 수 있었는지 생각해보자.
- 읽고 나서 생각하고, 질문하고, 토론하는 기회를 가진다.
- 독서 모임에서는 분야를 가리지 않는 것이 좋다. 비교적 쉽게 이해할 수 있는 자기계발서

와 실용서부터 보다가 인문서까지 번갈아가며 토론할 시간을 가진다.

독서로 성장한 롤 모델을 찾다

· 꼭 만나고 싶은 롤 모델이 있다면, 반드시 메일이나 편지로 정중하게 만남을 요청한다. 이때 왜 만나고 싶은지, 무엇을 배우고 싶은지 등 구체적으로 밝히는 게 좋다.
· 성공한 사람들의 독서법은 늘 곁에 두고 공부하라.
· 독서로 성장한 사람들의 공통된 독서법을 정리해보고 따르라. 그중에 자신의 꿈을 이루기 위한 독서 습관이 있다면 취하고 실행한다.
· 스마트폰 배경화면 같은 매일 한 번씩 자주 들여다보는 개인 공간에 성공한 사람들의 독서법을 늘 볼 수 있도록 설정한다.

반복, 필사, 사색, 토론, 쓰기

· 가급적 책을 지저분하게 봐라. 질문이나 정리가 필요한 부분에 메모를 달면서 곧바로 사색하라.
· 반복 독서를 할 때 완독한 날짜를 표시하여 읽은 횟수를 정리한다. 날짜별로 읽은 소감이나 해석이 다른 경우에 그 차이가 무엇인지를 정리한다.
· 특정 문단이나 문장을 반복해서 읽을 때는 그 옆에 바를 '정正'으로 작게 기록한다.
· 자신이 정한 인문고전이나 특정 주제의 책을 100번 읽는 것에 도전한다.
· 다양한 토론 모임에 참석하여 생각의 범위를 확장하는 기회를 가진다.
· 스마트폰이나 태블릿 PC, 다이어리 등을 활용해 때와 장소에 구애받지 않고 생각을 바로 쓸 수 있도록 한다.
· 간단하게 메모한 것은 가급적 다시 기승전결에 맞춰 정리하는 시간을 가진다.

살아 있는 독서, 펀 리딩

· 책의 내용을 현재 내가 하는 일에 어떻게 적용할 수 있는지 구체적으로 정리한다. 더불어 반드시 평가를 한다.
· 성과가 만족스럽지 못할 때, 문제점을 치열하게 고민하고 극복 방안을 모색한다.

- 자신이 기대한 만큼의 길잡이를 찾을 때까지 읽고 또 읽는다.
- 인문고전에서 나오는 여러 제도나 당시 배경에 대한 이해를 위해 관련 지식을 찾아본다.

PART 4 나눔
읽는 인간에서 움직이는 인간으로

리뷰, 꿈의 실행과 목표, 계획
- 꿈을 이루지 못한 사람들과 이룬 사람들을 비교 분석하고, 나는 어디에 가까운지 살펴본다.
- 주변에서 나의 가치에 대해 어떻게 생각하는지를 아는 것도 성찰에 도움이 된다.
- 독서를 통해 앞으로의 방향성을 세우고, 장기적인 철학과 비전을 만든다. 이것은 현실성을 갖춘 것이어야 한다.
- 꿈은 개인적인 꿈과 직업적인 꿈 등으로 세분해 작성한다.
- 시기와 단계별 목표를 설정해 오늘 하루 실천할 수 있는 계획을 짠다.
- 일, 주, 월, 년 단위로 계획을 세우고 점검을 하면서 목표를 달성하겠다고 다짐한다.
- 매일 실행 여부를 점검하고 실행이 되지 않았다면 수정을 거쳐 반드시 결과를 이룬다.

역할의 방향성을 찾아라
- 방향을 찾을 때 교차 독서가 중요하다. 다른 의견을 통해 자기 역할을 고민한다.
- 나의 역할과 비슷한 위치에 있는 사람들의 성공담과 조언을 구한다.
- 다양한 사례에 따른 각각의 판단 결과를 분석해 정리한다.
- 책에서 배운 지식이 자신의 경우에는 어떻게 달라질 수 있는지 생각해본다.

전략적 사고를 키우는 연습
- 리더십이나 전략적 사고를 다루는 관련 도서를 통해 자신에게 가장 필요한 역량이 무엇인지 추려낸다.

- 깊은 사색이 가능한 병법서나 인문고전을 읽어라. 이때 현실적인 전략과 시나리오도 만들어본다.
- 인문고전은 쉽게 해설한 책을 함께 보면 좋다.
- 개인이 지속적으로 성장할 수 있는 올바른 방향을 찾는 전략적 독서도 필요하다.
- 시간 관리는 전략적 사고와 밀접한 관련이 있다. 플래너 등으로 수시로 자기 관리를 하고 점검할 수 있는 방안을 찾아라.
- 스케줄의 수립과 확인을 교차 점검하면서 전략적인 시간 배분을 습관화한다.
- 하루 두 번, 아침과 저녁에는 무조건 하루 일과를 계획하고 리뷰하는 시간을 가진다.

행복을 꿈꾸는 책

- 자신의 선한 영향력을 모색한다. 일만 하는 바보가 되지 않기 위해 삶의 가치에 대해 이야기하는 책을 보며 늘 점검한다.
- 책을 읽고 난 뒤에는 자신이 꿈꾸는 행복의 기준을 생각한다.
- 진정한 성공과 행복을 추구할 수 있는 자신만의 철학을 정리한다.
- 아무리 작은 일이라도 남을 배려하고 도울 수 있는 방법을 찾는다. 자신의 재능이 어떻게 쓰일 수 있는지 고민해본다.

내가 지독하게 읽는 이유

- 양서와 악서를 구분하는 기준을 세우고 책을 선별해서 보는 것을 훈련한다.
- 하루 관리를 위한 별도의 커리큘럼을 만들어 학습한다.
- 전문 독서를 하려면 적어도 100권 이상을 읽어야 한다.
- TED와 다큐멘터리 등 다양한 강의나 매체 자료도 틈틈이 보는 게 좋다.
- 자신의 직업적 특성이 사회에 어떤 영향을 끼치는지 생각하고 재능 기부 등으로 연결한다.
- 지금이 마지막이라면 무엇을 할지 생각하고 적어본다. 왜 이렇게 열심히 해야 하는지 항상 스스로에게 질문한다.

1주
OT/나의 꿈 목록

참고 도서 : 《꿈꾸는 다락방》 | 이지성 |

나의 꿈 목록을 적어보는 시간입니다. 꿈에 대해 구체적으로 생각하지 않고 막연하게 지내다 보면 하루를 관리하는 것이 될 수 없습니다. 꿈을 이루기 위해서는 꿈을 생생하게 기록하는 VD(vivid dream) 실천이 중요합니다. 직접 적은 꿈 목록을 통해 매일 꿈을 되새기면 하루 목표에 대한 방향성을 잃지 않을 수 있습니다.

2주
과거 흔적서/미래 계획서

참고 도서 : 《선물》 | 스펜서 존슨 |

내가 걸어온 역사를 돌아보는 과거 흔적서와 앞으로 나아갈 방향을 수립하는 미래 계획서를 적어보는 시간입니다. 과거 흔적서는 내가 꿈을 위해 과거에 얼마만큼 노력했는지를 검토하는 과정입니다. 미래 계획서는 궁극적인 꿈을 이루기 위해 매년 랜드마크를 하나씩 만들어가는 과정에서 꼭 필요한 설계서와 같습니다.

3주
한 해 계획

참고 도서 : 《성공하는 시간 관리와 인생 관리를 위한 10가지 자연법칙》|하이럼 스미스|

1년 동안 내가 이루고자 하는 목표를 좀 더 체계적으로 관리하기 위해 한 해 계획을 적어보는 시간입니다. 인생을 관리하기 위해서는 10년을 관리해야 하고, 10년을 관리하기 위해서는 1년을 관리할 수 있어야 합니다.

4주
습관 목록

참고 도서 : 《습관의 재발견》|스티븐 기즈|

매월 습관화하고자 하는 항목을 정하여 습관 목록을 작성해보는 시간입니다. 좋은 성공이란 단기간에 이루어지는 것이 아니라 매일매일이 쌓여서 이루어지는 점진적인 성장을 의미합니다. 그러기 위해서는 매일 좋은 습관을 기르는 것이 가장 기본입니다.

5주
주간 목록

참고 도서 : 《원씽》|게리 켈러 · 제이 파파산|

주간 목록을 작성해보는 시간입니다. 주어진 시간에 무엇을 하며 보낼지 선택하는 것은 오로지 나의 몫입니다. 우리는 오늘도 수많은 선택 앞에서 고민합니다. 선택을 하기 전에 나의 선택이 내 삶을 어디로 데려가고 있는지 한번 점검해보는 시간이 필요합니다.

6주
자산 관리

참고 도서 : 《자본주의》 | EBS 자본주의 제작팀 |
참고 영상 : EBS 다큐프라임 〈자본주의〉

다음으로 자산 관리입니다. 자산 관리를 하기 위해서는 절제와 인내가 필요하죠. 자산 관리를 막연하게 볼 게 아니라 현실적으로 접근하면 쉽게 해결이 가능합니다. 지출 습관을 바로잡는 '일 한도 가계부', 한 달에 한 번만 쓰는 '자산 상태표와 현금 흐름표' 등 자산 관리 노하우를 배워갑니다.

7주
마무리

참고 도서 : 《하루 관리》 | 이지성 · 황희철 |

스터디 마지막 시간에는 독서 일지, 목표 관리, 아이디어 작성에 대해 배우고 〈하루 관리 스터디〉를 통해 느낀 점과 성장하고 변화된 점에 대해 나눕니다. 끝이 아니라 시작입니다. 이제부터 여러분의 삶에 신나는 레이스가 시작되는 것이죠.

1주
우리가 사는 세상, 자본주의

참고 도서 : 《자본주의》, 《자본주의 사용설명서》 | EBS 자본주의 제작팀 |

참고 영상 : EBS 다큐프라임 〈자본주의〉

돈이란 무엇일까요? 왜 우리는 돈에 울고, 돈에 웃으며 살아갈까요? 1주차는 자본주의의 시작과 본질을 이해하고 인플레이션에 대한 심도 있는 토론을 합니다. 자본주의 시대를 살아가는 우리의 모습을 객관적으로 바라보는 시간입니다.

2주
우리가 서 있는 위치, 자산 관리 단계

참고 도서 : 《열두 살에 부자가 된 키라》 | 보도 섀퍼 |

참고 영상 : 영화 〈더 울프 오브 월스트리트〉

2주차는 올바른 자산 관리의 7단계를 구체적으로 배우고 현재 자신의 위치를 점검합니다. 자신의 자산 관리의 개선점을 함께 토론하는 시간입니다.

3주
우리를 둘러싼 환경, 4대 금융 회사

참고 도서 : 《생각하는 인문학》 | 이지성 |
참고 영상 : 영화 〈인사이드 잡〉

금융 회사들은 우리의 친구이자 이웃을 자처합니다. 과연 그럴까요? 3주차는 금융 회사들의 구조를 파악하고 변하지 않는 자산 관리의 원칙을 이해합니다. 금융상품이 누구를 위한 상품인지, 어떤 기준으로 선택해야 하는지 고민하는 시간입니다.

4주
우리가 가져야 할 것, 5대 자산

참고 도서 : 《돈》 | 보도 섀퍼 |
참고 영상 : 영화 〈식코〉

우리는 미래를 예측할 수 없습니다. 세상에는 수많은 변수가 존재하죠. 4주차는 시장과 개인의 변수를 이해하고 각 상황에 따른 5대 자산의 성격을 배웁니다. 경기 주기율에 관해 토론하고 자신만의 자산 구조를 설계해보는 시간입니다.

⸔페이고 특강, **가계부**를 통해 **돈의 주인이** 되는 **방법!**⸕

▶ 페이고 가계부 특강은 황희철 대표의 가계부 노하우가 집결된 가계부 집중 강의다.

▶ 페이고 가계부는 지출 내역만 쓰는 기존의 가계부와 달리 자신의 자산 상태를 부채와 자산을 비교하여 체크하는 자산 상태표, 현금 흐름을 월 단위로 파악하여 지출과 수입을 한눈에 확인하는 현금 흐름표, 그리고 매일 지출 한도를 정해 충동적인 지출을 막고 잉여 자금을 모을 수 있도록 돕는 일 한도 가계부를 핵심으로 하고 있다.

▶ 페이고 가계부 작성법을 비롯하여 자산 관리의 3원칙, 자산 관리 7단계까지 짧고 굵게 황희철 대표의 강의를 들을 수 있다.

1단계	자본주의 제대로 알기

필독 도서	참고 도서	참고 영상
《21세기 자본》 《한국 자본주의》 《자본주의》 《자본주의 사용설명서》	《화폐 전쟁》 《그들이 말하지 않는 23가지》 《부의 재편》 《만화 애덤 스미스 국부론》 《만화 마르크스 자본론》	영화 〈군도〉 EBS 다큐프라임 〈자본주의〉 KBS 명품다큐 〈돈의 힘〉

2단계	5대 자산·성격 / 7단계 자산 관리 / 자산 관리 원칙 3가지

필독 도서	참고 도서	참고 영상
《돈》 《열두 살에 부자가 된 키라》 《펠릭스는 돈을 사랑해》 《빌딩 부자들》	《시골의사 부자경제학》 《부자 만드는 경제기사》 《전설의 투자 가문 데이비스》 《최진기의 생존경제》 《경제 저격수의 고백 1, 2》	최진기의 〈생존경제〉

3단계	4대 금융

필독 도서	참고 도서	참고 영상
《고객의 요트는 어디에 있는가》 《Bad Money 나쁜 돈》 《머니》 《금융으로 본 세계사》	《은행의 사생활》 《세상물정의 경제학》 《버블 경제학》 《월스트리트 최고의 투기꾼 이야기》 《보험 회사가 당신에게 알려주지 않는 진실》 《금융 회사가 당신에게 알려주지 않는 진실》	영화 〈인사이드 잡〉 영화 〈식코〉 영화 〈빅 쇼트〉 영화 〈인 타임〉 영화 〈더 울프 오브 월 스트리트〉 시사매거진 2580 〈연금 보험의 배신〉

4단계 페이고 자산 관리 / 소비		
필독 도서	**참고 도서**	**참고 영상**
《쇼핑의 과학》 《마시멜로 이야기》 《Go, Win, Feel 워렌 버핏의 부자로 산다는 것》 《상식 밖의 경제학》	《미래를 경영하라》 《여자는 언제 지갑을 여는가》 《오감 브랜딩》 《쇼핑학》 《페이고 가계부》 《경제 심리학》 《적게 벌어도 잘사는 노후 50년》	영화 〈타짜〉 영화 〈슈퍼 홀릭〉 EBS 다큐프라임 〈인간탐구 욕망 호모 컨슈머리쿠스〉

5단계 자기계발		
필독 도서	**참고 도서**	**참고 영상**
《부자의 집사》 《이웃집 백만장자》 《부의 추월차선》 《부자들의 생각을 읽다》	《Say no》 《부자들의 개인 도서관》 《사기열전》 《부의 미래》 《협상의 법칙》 《아름다운 부자 척피니》 《아시아의 대부들》 《월가의 전설 세계를 가다》 《심리 설득술》	영화 〈행복을 찾아서〉 영화 〈조이〉 영화 〈세상에서 가장 빠른 인디언〉

6단계 제도 / 방향성		
필독 도서	**참고 도서**	**참고 영상**
《생각하는 인문학》 《시골 빵집에서 자본론을 굽다》 《조선을 구한 13인의 경제학자들》 《유대인이 대물림하는 부자의 공리》	《관자》 《한비자》 《정관정요》 《논어》 《대통령의 경제학》 《몬드라곤의 기적》 《0.1% 억만장자 제국》 《사마천 경제학》 《100억 명》 《염철론》 《경제ⓔ》	영화 〈매트릭스〉 EBS 다큐프라임 〈민주주의〉 KBS 파노라마 〈피케티의 21세기 자본, 세계 경제에 던지는 질문〉

※ 본 커리큘럼들은 현재 〈차이에듀케이션〉에서 강의 진행 중이며, 추후 변동될 수 있습니다.

나를 바꾼 시간

독서 8년

초판 1쇄 발행 2016년 10월 28일
초판 2쇄 발행 2016년 12월 16일

지은이 I 황희철
발행인 I 박재호
편집 I 강소영, 홍다휘
마케팅 I 김용범
총무 I 김명숙
종이 I 세종페이퍼
인쇄·제본 I 한영문화사

발행처 I 차이정원
출판신고 I 제2016-000043호(2016년 2월 16일)
주소 I 서울시 마포구 양화로 156(동교동) LG팰리스 814호
전화 I 02-334-7932 팩스 I 02-334-7933
전자우편 I pjh7936@hanmail.net

ⓒ 황희철(저작권자와 맺은 특약에 따라 검인은 생략합니다.)

ISBN 979-11-85035-57-4 03320

이 도서의 국립중앙도서관 출판예정도서목록(CIP)은 서지정보유통지원시스템 홈페이지(http://seoji.nl.go.
kr)와 국가자료공동목록시스템(http://www.nl.go.kr/kolisnet)에서 이용하실 수 있습니다. (CIP제어번호:
2016024089)

만든 사람들
기획 I 박재호
책임편집 I 홍다휘
원고정리 I 류재운
교정교열 I 김익선
디자인 I 이석운, 김미연
일러스트 I 고고핑크